KB162406

최대한의 최소주의
－진정한 설명의 탐구

언어와 정보사회 학술 총서 06

최대한의 최소주의
-진정한 설명의 탐구

Maximizing Simplicity
-A Pursuit of Genuine Explanation in the Minimalist Program

심재영

역락

간행사

　언어는 자연물로 존재하는 동시에 역사성과 사회성도 띤다. 따라서 언어의 정체를 온전히 밝히려면 자연물로서의 언어를 탐구하는 과학적 자세와 더불어 역사적, 사회적 존재로서의 언어를 이해하기 위한 인문학적, 사회학적 자세도 필요하다. 이러한 관점에서 서강대학교 언어정보연구소는 인간의 언어를 이해하기 위해 다양한 학술 활동을 기획하여 실행해 오고 있다. "『언어와 정보사회』 학술 총서"는 등재 학술지 『언어와 정보사회』와 상호 보완적이며, 특히 짧은 논문에 담기 어려운 긴 호흡과 깊은 통찰을 필요로 하는 연구에 초점을 맞춘다. 이 총서를 통해 지금까지의 연구가 노정하고 있는 한계를 넘어서 새로운 이해의 지평이 개척되길 희망한다.

서강대학교 언어정보연구소

들머리

    기존의 병합(Merge)이 대병합(MERGE)이라는 수정된 개념으로 논의되기 시작한 2017년 5월 레딩 대학교(University of Reading)에서의 Chomsky 강연을 기점으로 언어 능력(Faculty of Language)에 대한 생성 문법의 연구 방향은 새로운 국면으로 접어들었다 하겠다. 지난 70여 년간의 생성 문법 탐구 여정 속에 언어 능력의 근간 원리들에 대한 진정한 설명(Genuine Explanation)의 토대를 비로소 구체화하기 시작했기 때문이다.

    이에 이 책은 그 새로운 국면의 구심점이자 집약체라 할 수 있는 Chomsky(2021a,b)의 주요 논의들에 초점을 맞추고 있다. 관련하여, 『아름다움을 위하여: 최소주의 시즌 2』라는 제목으로 한 해 전에 이미 출간한 바 있으나, 서두른 마음에서 비롯된 이해 부족과 그로 인한 오류들이 곳곳에 적지 않았음을 발견하게 된다. 이에, 이 책은 그러한 지적 오해들과 오류들을 수정하여 최소화 하고, 나아가, 보다 다양한 내용들을 더욱 심도 있게 다루려 노력한 또 하나의 서툰 결과물이다.

    이 책의 곳곳을 꾸리는데 큰 도움을 주신 김용하, 이경미, 이정훈 선생님, 서강대학교 언어 정보 연구소 주최 최소주의 세미나에서 통찰력 있는 의견들을 제시해 주신 여러 선생님들, 그리고, 北原久嗣(Kitahara Hisatsugu), 水口學(Mizuguchi Manabu), T. Daniel Seely에게 감사함을 전한다. 아울러, 오탈자 편집에 심혈을 기울여 주신 서강대학교 언어 정보 연구소 편집자님께 또한 감사함을 전한다.

또 한 편의 어줍잖은 책 한편이 세상 밖에 나올 수 있도록 무한의 격려를 아끼지 않은 나의 사랑하는 아내와 나의 어머니(1947~2010), 학문함의 집요함을 몸소 일깨워주었던 Samuel D. Epstein(1956~2019), 그리고 본고의 거의 모든 생각들을 가능하게 한 Noam Chomsky에게 이 책을 바친다.

2022년 가을 무렵

심재영

차례

"I want to know how God created this world.
I'm not interested in this or that phenomenon,
in the spectrum of this or that element.
I want to know His thoughts, the rest are details."

Albert Einstein (1879~1955)

제1장

최소주의 프로그램

1.1. 생성 문법의 최소주의

생성 문법의 이론 틀은 시기별로 대략 아래와 같이 변화해왔다.

(1) a. 표준 이론(Standard Theory)[1] - 1950~60년대
    b. 지배 결속 이론(Government & Binding Theory) - 1980년대
    c. 최소주의 프로그램(Minimalist Program) - 1990년대 이후

Standard Theory(ST), Government and Binding Theory(GB), 그리고 Minimalist Program(MP)에 이르기까지 시기별 이론 틀의 이름이 서로 다르다 하여, 각각을 '상이한', 혹은, '별개의' 이론 틀로 생각하면 (큰) 오산이다. ST의 문제점들을 보완하고 수정하는 과정에서 탄생한, 따라서, ST의 진보한 버전이 GB요, 이어 등장한 MP 역시 GB의 문제점들을 수정하고 보완하는 과정에서 탄생한 보다 발전된 틀이기 때문이다.[2]

---

[1] 표준 이론은 이어 '확대 표준 이론(Extended Standard Theory)'과 '수정 확대 표준 이론(Revised Extended Standard Theory)'으로 변화를 거치게 된다.

[2] 이하, 한국어와 영어로 병행 표기한 용어들은 문맥에 따라 한국어 또는 영어로만 표기

그도 그럴 듯이, 붙여진 이름은 서로 다르지만, ST와 GB와 MP에는 '최소주의(Minimalism)'의 추구라는 생성 문법의 일관된 공통분모가 존재한다. 셋보다는 둘, 둘보다는 하나, 이와 같이 현상의 설명을 위해 동원하는 기제들을 최소화하려는 정신[3]이 각각의 이론 틀을 변화시키며 발전시켜온 원동력이었기 때문이다. 따라서, 비유컨대, 아이폰 8과 아이폰 13이 전혀 다른 별개의 스마트폰이 아니듯, 생성 문법의 시기별 이론 틀[4] 또한 그 전작(들)의 보다 진보된 버전으로 이해하는 것이 타당할 것이다.[5] 변화의 과정에서 홈 버튼이 사라지고, 이어폰 단자가 제거될 수 있듯, 이론 틀 내의 개념들과 기제들 역시 그러한 변화를 겪게 되는 것이다.

자, 그렇다면, 여기서 질문을 하나 던져 보자―생성 문법은 왜 그토록 Minimalism이란 것에 병적으로 보일만큼 집착(?)하는 것일까? 그 대답은 다음 절에 이어진다.

하겠다.

3 이론 내의 도구, 혹은, 기제들의 수를 줄이고자 하는 최소주의를 일러 '방법론적 최소주의(Methodological Minimalism)'라 한다. 최소주의의 또 다른 의미에 대해서는 각주 13과 19를 보라.

4 GB/MP를 ST와 구분하여 원리-매개변인 이론(Principles and Parameters Theory)이란 이름으로 함께 묶기도 한다.

5 따라서 Chomsky (2015b) 서문에서 다음과 같이 말하고 있다.

MP is a seamless continuation of pursuits that trace back to the origins of generative grammar.

1.2. 생성 문법과 최소주의

'최소주의(Minimalism)'라는 용어가 생성 문법 연구자들 사이에서 널리 회자되기 시작한 것은 비록 90년대 초·중반부터이나, 그 '정신'만큼은 생성 문법의 시작부터 지금에 이르기까지, 이론 틀의 변화와 발전을 이끌어 온 변함없는 원동력이자 구심점이었다 하겠다.[6] 최소주의 정신에 대한 생성 문법의 그와 같은 집착, 그 이유는 대략 다음과 같다.

현대 (이론) 물리학계의 가장 중요한 연구 주제들 중 하나를 꼽으라면, 물리학 이론의 두 축, 즉, 거시 세계를 다루는 아인슈타인의 일반 상대성 이론(Theory of General Relativity)과 미시 세계를 설명하는 양자 이론(Quantum Theory), 이 둘을 통합하여 하나의 통일된 이론 틀을 구축하는 것이라 하겠다.[7] 그런데 왜 그럴까? 왜 그리 합치고 통합하려고 안달을 하는 것일까? 둘인 채로 그냥 놔두면, 무슨 엄청난 문제라도 있는 걸까?

두 이론 틀을 하나의 틀로 통합하려는 그 이면에 사실 무슨 대단하고 엄청난 이유가 있거나, 혹은, 반드시 그래야만 하는 경험적 현상들이 발견되었기 때문은 아니다. 물리학이라는 학문을 지금의 모습으로까지 성장, 발전시켜 온 원동력은 사실, '자연 법칙은 단순하다(Nature is simple)'는 갈릴레오의 직관과 '단순한 것이 더 타당하다'는 오컴의 면도날(Ockham's Razor) 정신,[8] 바

---

6 관련하여 Chomsky (2013: 38)는 또 다음과 같이 재차 언급한다.

The program is simply a continuation of the efforts from the origins of the generative enterprise to reduce the postulated richness of UG, to discover its actual nature.

7 아인슈타인 역시도 '통일장 이론(Unified Field Theory)'이라는 이름으로 두 이론 틀을 하나로 통합하는데 말년을 보냈다. 참고로, 소위 '모든 것의 이론(Theory of Everything; TOE)'에 가장 근접한 이론으로 M-Theory를 꼽고 있다.

8 물론, 비교 대상 이론들의 '설명력'이 동일하다는 전제에 한해서다.

꿔 말해, '최소주의' 정신이었고, 최소주의에 대한 그와 같은 집요한 추구와 고뇌가 있었기에 물리학이 오늘날의 모습으로까지 성장할 수 있었다는 것이다. 고로, 최소주의의 추구는 물리학을 비롯한 소위 과학(Science)이라 부르는 분야들뿐만 아니라, 무릇 학문이라 하면, 그 전반을 아우르는 (최상위의) 작업 가설인 것이다. 그러니, 과도한 집착처럼 (잘못) 여겨지고 비춰질 수도 있을 생성 문법의 최소주의 추구 또한 생성 문법만의 특이하거나 유별난 취향이 아니라, 지극히 당연하고 보편적인 학문적 노력이자 방향이라 할 수 있는 것이다.[9]

최소주의의 추구에 대한 또 다른 이유를 꼽자면, 언어 능력(Faculty of Language; FL)의 진화에 대한 생성 문법의 입장을 들 수 있을 것이다. Chomsky 에 따르자면,[10] FL이라는 언어 능력 인지 체계는 인류의 진화 과정 속에서 한 개체에 발생한 모종의 (갑작스러운) 돌연변이적 사건에서 비롯된 것이다.[11]

---

9 관련된 Chomsky의 시기별 언급은 대략 아래와 같다.

[The Minimalist Program] is a *program*, not a theory, even less so than the P&P approach. The program presupposes the common goal of all inquiry into language - to discover the right theory. (Chomsky 2000: 92)

Despite repeated clarification, MP is often taken to be a hypothesis about language or a new approach to language [...] It is neither. [...] the program is theory neutral: whatever one's conception of UG, once can be interested in principled explanation (MP), or not. (Chomsky 2008: 157)

Simplicity of theory is essentially the same as the depth of explanation. (Chomsky 2015a: 2)

10 생성 문법 내의 '모든' 견해들이 Chomsky의 견해와 일치하는 것은 아니다. 하지만, Chomsky의 견해가 생성 문법을 선도해 왔다는 점은 부인하기 힘들 것이다.

11 이와 같이 돌연변이 발생을 통해 개체의 진화를 파악하는 관점을 일러, 생물학에서는 도약진화론(Saltationism) 또는 돌연변이론(Mutationism)이라 부른다. 참고로, 도약 진화론과 돌연변이론은 (생물학계의 보다 보편적 관점이라 할 수 있는) 점진론(Gradualism)과 대조되며, 단속 평형론(Punctuated Equilibrium, Eldredge and Gould 1972)과도 대비

이에, 그 돌연변이를 가졌던 개체의 후손들이 오늘을 살고 있는 모든 인류인 바, 해당 돌연변이는 아주 경미한 그 무엇이었음을 암시한다.[12] 따라서, FL의 실체 (혹은 내용물) 또한 거대하고 복잡한 그 무엇이 아니라, 최소한의 무엇이어야 타당할 것이다.[13]

1.3. 오늘의 최소주의

생성 문법에서는 인간의 언어 능력, 즉, FL이라는 인지 체계를 어휘 항목들을 대상으로 작동되는 하나의 연산 체계(Computational System)[14]로 간주한다. 그리고 앞서, 이 FL은 최소한의 무엇, 바꿔 말해, FL의 내용물은 최소한이어야 한다 말을 했었다. 그럼, 그 최소한이라 하는 그것의 실체와 정체는 과연 무엇일까? Chomsky에 따르자면, 그 최소한이라는 것의 정체는 다름 아닌 '병합(Merge)'이요, 바꿔 말해, FL을 구성하는 내용물은 'Merge'라는

된다. 참고로, 언어 능력 관련 돌연변이의 발생 시기는 지금으로부터 대략 15만년 전후로 추정하고 있으며, 이는 곧 '비약적 도약(Great Leap Forward; Jared Diamond 1989)'이라 불리는 시기, 즉, 인류의 선조가 벽화, 조각, 악기 등과 같은 인간만의 특별한 유산을 남기기 시작한 시기와 맞물린다.

12 돌연변이 그 자체는 비록 경미했다 할지라도, 그로 인한 여파는 지대하다 하겠다.

13 이와 같은 관점의 '최소'를 일러, '진화적 최소주의(Evolutionary Minimalism)'라 부른다.

14 간략히 말해, '연산(Computation)'이란 특정한 규칙에 기반을 두어 주어진 Symbol들을 조작하는 것을 말한다. 이에, FL은 어휘 항목, 더 정확히 말하자면, 어휘 개념(Concept)들을 대상으로 이루어지는 계산이라 할 수 있다. 아울러, 대상이 같고 그 결과가 같다 하더라도, 연산이 이루어지는 '방식'은 충분히 다를 수 있다. 예를 들어, 4×7에 대해 28이라는 동일한 결과를 산출했다 할지라도, 그에 대한 계산기의 연산 방식과 인간의 연산 방식이 다를 수 있다는 것이다. 이에, 생성 문법은 FL과 관련된 '인간의' 연산 방식을 연구한다.

(어휘 항목) 결합 기제 하나뿐이라는 것이다.

허나, 학문에서의 여느 주장들이 대개 그러하듯, 이 'Merge'라는 기제 또한 어느 날 갑자기 하늘에서 뚝 떨어진 것이 아니다. FL의 내용물이 Merge 뿐이라는 이 말을 하기 까지는 수많은 연구자들의 수십 년에 달하는 최소주의적 지적 노고와 고뇌가 있었기에 가능했다는 말이다. 구조 생성 기제로 그 예를 들어보자.

(2) **Phrase Structure Rules**

    a. S → NP VP

    b. NP → (D) (A) N (PP)

    c. VP → V (NP) (Adv)

    d. PP → P NP

    e. AP → ...

5~60년대 생성 문법의 초기에는 (2)와 같은 구 구조 규칙(Phrase Structure Rule; PS Rule)들을 상정함으로써 문장의 구조들을 생성해내었다. 바꿔 말해, 언어 표현의 구조 생성을 담당하는 기제로 (2)에서와 같은 PS rule들을 상정했다는 것이다. 허나, 이후 70년대로 접어들며, PS Rule은 아래 (3)과 같은 엑스-바 도식(X-bar Schema)로 변화하게 된다(논의의 편의상 X-bar Schema 표기에서 부가 구조는 생략한다).

(3) **X-bar Schema**

    a. XP → (YP); X'

    b. X' → X; (ZP)

(2)와 (3)을 비교해 보자. 우선, 규칙의 수만 보더라도 (3)이 훨씬 적다(더군다나, (2)에 열거하지 않은 AdvP, NegP 등의 다른 규칙들까지 모두 포함하면, 규칙수의 격차는 더욱 커진다). 뿐만 아니다. 각 규칙들이 포함하고 있는 정보의양도 감소하였다. (2)의 경우 각 PS rule 속에는 투사(Projection)에 관한 정보, 예를 들어, N은 (VP가 아니라 하필이면) NP로 투사된다는 정보뿐만 아니라, 각 규칙을 구성하는 요소들 사이의 선형적 순서(Linear Order)에 대한 정보도담고 있다(예를 들어 (2d)의 경우, PP를 구성하려면, P가 NP에 선행해야 한다는 정보가 들어있다). 하지만, (3)의 X-bar Schema에는 선형적 순서에 대한 정보는사라지고(해서, 요소들 사이에 세미콜론(;)을 첨가한다), 투사에 대한 정보만 담겨있다.[15] 말인 즉, (3)이 (2)보다 더욱 최소요, 따라서, 진일보한 구조 생성기제라는 것이다.

그런데 말이다. (2)에서 (3)으로 변화하는 과정에는 사실 두 종류의 변화가있었음을 인지할 필요가 있다. 중언부언이다마는, (2)에서 (3)으로의 변화가하루아침에 이루어진 것은 아니다. (2)의 PS Rule 그 자체를 두고도 이런저런 수정들과 그에 따른 많은 변화들이 있었다. 하지만, 그럼에도, PS rule 자체에 대한 여러 수정들과 (3)으로의 전환 사이에는 꽤나 큰 질적 차이가발견된다. 이렇게 비유해 보자.

앞서 비유를 들었던 아이폰 8과 13의 경우, 후자가 전자보다 업그레이드된 기종임에는 틀림이 없겠지만, 그럼에도, 근본적으로는 크게 다르지 않다. 말인 즉, 8에서 13으로의 탈바꿈은 혁신적(Revolutionary) 변화라기보다 점진적(Evolutionary)이라는 수식어가 보다 어울릴 그런 (소폭의?) 수정과 변화라는

---

15 이후, 투사 정보는 표찰 알고리즘(Labeling Algorithm)이라는 독립적인 기제가 수행하는작업의 결과물로 간주 되고, 선형적 순서는 FL의 부차적 체계로 간주되는 감각-운동 체계(Sensorimotor Systems)의 작업으로 치부되어 논의의 중심에서 (다소) 멀어지게 된다.

것이다. 이에, 기존의 PS rule 자체에 대한 이런 저런 수정들과 그에 따른 변화들 역시 그런 Evolutionary에 가까운 것이었다 하겠다. 하지만, 폴더 폰에서 아이폰이라는 스마트폰, 혹은, 다이얼 전화기에서 아이폰으로의 변화는 그 성질이 사뭇 다르다—소폭의 업그레이드라기보다, 뭔가 획기적이고 혁신적인 변화, 즉, Revolutionary라는 수식어가 어울릴 그런 변화라는 것이요, PS rule에서 X-bar Schema로의 전환 역시 바로 그런 종류의 변화인 것이다.[16]

나아가, X-bar Schema로의 전환은 X-bar 틀이 아니고서는 도저히 설명할 수 없는 그런 경험적 자료들이 발견되거나 누적되어서가 아니요,[17] FL의 내용물을 최소화 하고자 하는 '최소주의' 정신이 그 원동력이었던 것이다.

변화의 성질에 대한 이야기를 사뭇 뜬금없이 꺼낸 이유는 Chomsky (2021a,b)에서 제안하는 틀이 바로 폴더 폰에서 아이폰으로의 변화에 필적할 만한 대대적인 변화이기 때문이다. MP가 처음 등장한 90년대 초·중반 이후 2017년 즈음까지 실로 수많은 수정과 그에 따른 변화들이 있었지만, 크게 보아 덧대고 덧붙이고 가다듬는 Evolutionary의 성향이 강한 그런 변화들이었다. 하지만, 그 이후의 변화, 즉, 2017년 즈음부터의 변화는 신도시 건설을 위한 대대적인 토목 공사라 해도 좋을 그런 근본적이고 광범위한 변화요, 그 변화의 중심에 Merge와 연산적 효율성이 자리하고 것이다.

자, 다시 Merge 이야기로 돌아가 보자. 어휘 항목들을 결합하는 Merge라

---

16 Evolutionary란 변화들이 수반되지 않았다면, Revolutionary한 변혁도 불가능했을 것이다. 따라서, 본문의 Evolutionary와 Revolutionary는 변화의 우위가 아니라 그 성질을 구분하기 위한 단어 선택으로 이해하길 바란다.

17 오히려 그 반대라 하겠다—새로운 언어 현상들이 X-bar Schema로의 전환을 요구한 것이 아니라, X-bar Schema가 등장함으로써 언어 현상들과 그에 대한 기존의 분석들을 새로운 시각으로 볼 수 있게 만들어 준 것이다. 이는 X-bar Schema에서 Merge로의 전환에도 공히 적용된다.

는 이 (구조 생성) 기제는 과연 어떤 방식으로 작동하는 것일까? 어휘 항목들
을 그냥 아무렇게나 무작위로 묶기만 하는 것일까? 아니면, 결합과 관련된
어떤 특별한 방식이라도 있는 것일까? Chomsky의 대답은 다음과 같다:
Merge라는 기제는 연산적 효율성(Computational Efficiency; CE)이라는 자연계
의 법칙[18]을 준수하여 자신이 맡은 결합 작업을 수행한다. 나아가 Chomsky
는 CE에 의해 제어되는 Merge라는 구조 생성 기제와 CE로부터 도출될 수
있는 또 다른 제약들과 조건들, 이 두 종류의 도구들만을 사용하는 분석만이
FL의 근간 원리와 작동 방식에 대한 진정한 설명(Genuine Explanation)이 될
수 있다 주장한다.[19] 바꿔 말해, 설명(Explanation)과 현상에 대한 단순한 기술
(Description) 혹은 재서술(Restatement)을 구분해주는 명료한 기준을 마련하게
된 것이다.[20]

　Merge[21]와 CE, 바꿔 말해, 연산적 효율성에 의해 제어되는 기제와 제약들
만으로 인간의 언어 능력 인지체계에 대한 진정한 설명의 틀을 구축하고자

18　이에, 연산적 효율성을 일러, (FL의 성장에 관여하는) 제3의 요인(Third Factor)이라 부
　　른다. 연산적 효율성에 대한 구체적인 논의는 2장을 참조하라.

19　이와 같은 '최소'를 일러, '치료적 최소주의(Therapeutic Minimalism)' 혹은 '실질적 최
　　소주의(Substantive Minimalism)'라 한다.

20　관련하여 Chomsky는 다음과 같이 언급한다.

　　(Formulation of strength in terms of PF convergence is) a restatement of the basic
　　property, not a true explanation. (Chomsky 1995: 214)

　　Minimalist demands at least have the merit of highlighting such moves, thus sharpening
　　the question of whether we have a genuine explanation or a restatement of a problem
　　in other terms. (ibid.)

21　돌연변이적 사건에 의해 해당 개체가 갖게 된 능력, 그 능력의 실체가 Merge인 셈인데,
　　이에, Merge를 일러 FL의 성장에 관여하는 '제1의 요인(First Factor)', 혹은, 유전적으
　　로 결정된 'UG(Universal Grammar)'라 일컫는다. 참고로, Merge라는 돌연변이로 인해
　　인류는 사건을 '원인과 결과'로 묶어 해석하는, 바꿔 말해, 철학자들이 말하는 인과율
　　(Causality)적 사고가 가능하게 된 것이 아닌지 의심해 본다.

하는 시도, 이것이 바로 Minimalist Program이요, 생성 문법의 변함없는 최소주의인 것이다. 이에, 본고는 그러한 시도의 구심점이라 할 수 있는 Chomsky (2021a,b)에서 다루고 있는 주요 내용들에 초점을 맞춘다.

제2장

병합

2.1. 병합과 작업 공간

'최소주의 프로그램(Minimalist Program; MP)'이라는 그 이름에서 유추할 수 있듯이, MP는 (연산적 효율성에 의해 제어되는) '최소한'의 기제를 통해 FL 이라는 언어 능력 연산 체계를 설명하고자 하는 학문적 시도이다. 이에, 그 최소한의 기제를 일러, 병합(Merge)이라 한다 했다.

Merge는 두 개의 통사체(Syntactic Object; SO)[1]들을 결합하여 하나의 (또 다른 새로운) 집합을 생성한다.[2] 이에, 그 결합이 어떻게 이루어지며, 또 그 결과물은 어떤 형상인지에 대해서는 그동안 다양한 의견들이 있어 왔으나, 그러한 결합 작업이 '어디서' 수행되는지에 대해서는, 암묵적인 가정은 했을지언정, 이렇다 할 명시적인 형식화 작업은 미비했었다. 그 결과, (1)에서와 같이, Merge란 두 개의 어휘 항목들을 결합하여 새로운 집합을 형성한다는 언급 정도가 거의 전부였었다.

---

1 '통사체'란 어휘부 속의 각 어휘 항목(Lexical Item; LI)들과 기존의 병합으로 생성된 집합들이 포함된다.

2 이와 같은 특성을 일러, Merge의 이분지성(Binarity)이라 한다. 관련하여, 3.1.의 내용 또한 참조하라.

(1) Merge(the, girl) → {the, girl}

어휘 항목 the와 girl을 어휘부(Lexicon)로부터 추출[3]하여 결합, 즉, Merge
를 시키면 {the, girl}이라는 (새로운) 집합/통사체가 생성된다. 이에, 더 이상
의 무슨 논의가 필요할까, 혹은, 가능할까 싶겠지만, 사뭇 단순해 보이는
이 과정 속에는 사실 이런 저런 문제점들과 명시화하지 않았던 암묵적인
가정들이 존재한다. (2)를 보자(논의의 편의를 위해 구조를 단순화 하였다).

(2) a. the girls like cats

    b. {like, cats}

    c. {girls, {like, cats}}

(2a)의 생성을 위해 like와 cats를 어휘부로부터 추출하여 Merge시켰다고
해보자.[4] 그러면 (2b)와 같은 (새로운) 집합/통사체가 탄생한다. 자, 그 다음
단계는 뭘까? 어휘 항목 girls를 추출하여, 기존의 통사체, 즉, {like, cat}에
Merge를 시켜보자. 그러면, (2c)와 같은 또 다른 통사체가 탄생한다. 마지막
으로, the를 추출하여 {girls, {like, cats}}에 Merge 시키면, 아래 (3)과 같은
구조가 생성된다.

---

3 MP 초기에는 'Select'라는 기제를 따로 두어, 어휘부에서―엄밀히 말하자면, 어휘부와
   통사부 사이에 위치한 배번집합(Numeration)으로부터―어휘 항목들을 추출하는 일을
   담당했었다. 관련된 최근 논의에 대해서는 각주 7을 참조하라.

4 도출의 첫 단계가 like와 cats를 대상으로 한 Merge일 필요도, 이유도, 관련된 제약도
   없다. 따라서, 그 첫 단계로 (예를 들어) cats와 girls를 Merge 하여 {cats, girls}를 생성
   할 수도 있다. 하지만, (2)와 같은 식의 병합 조합을 제외한 다른 모든 병합 조합들은
   결국 비문을 초래하게 된다. 관련하여 8장을 참조하라.

(3) {the, {girls, {like, cats}}}

(3)을 우리의 직관에 부합하는 구조인 (4)와 비교해 보자.

(4) {{the, girls}, {like, cats}}

(3)과 (4)의 가장 큰 차이점은 명사구 the girl의 구조적 속성에 있다. (4)에서는 the와 girl이 하나의 구성 성분(Constituent)을 이루고 있지만, (3)에서는 그렇지 않다는 것이다. 하지만, 기존의 Merge 방식, 즉, 어휘 항목(들)을 추출하여 '두 개씩 순차적으로' 결합하는 방식으로는 우리의 직관에 부합하는 (4)와 같은 구조를 생성해낼 수가 없다. 해서, 논의의 실제에 있어서는 {like, cats}를 먼저 생성한 다음, '어디선가' 이미 결합되어 완성된 {the, girls}를 슬그머니 가지고 와서 {like, cats}에 은근슬쩍 결합시켜 버렸던 것이다. 말인 즉, {the, girls}가 '어디선가' (미리) 만들어졌다는 암묵적인 가정은 했을지언정, 그 '어디'에 대한 명시적인 형식화는 미비했다는 것인데, 이런 상황에서 Chomsky (2019b,c)와 Chomsky et al. (2019)에서는 그 '어디선가'를 다음과 같이 명시적으로 언급하게 된다.

(5) a. Suppose you're constructing a subject-predictate construction [e.g. [NP the girls], [VP like cats]]. They have to be done in parallel. You have to construct the verb phrase and the noun phrase before you can merge them together. That means you have to have a workspace in which syntactic objects are constructed. [...] MERGE actually going to take two syntactic elements (call them P and Q) in the workspace WS and put them together as {P, Q}. [...] it is an operation on the workspace.

(Chomsky 2019c: 34)

b. The tacit assumption is that you can construct syntactic objects in parallel and then bring them together somewhere. Now, that presupposes that you have a workspace in which operations are being carried out. (Chomsky 2019b: 274)

c. MERGE operates over syntactic objects placed in a workspace. (Chomsky et al. 2019: 236)

요인 즉, Merge 작업은 다름 아닌 '작업 공간(Workspace; WS)'이라는 곳에서 이루어지며,[5] 그 작업 공간의 통사체들에 국한 된다는 것이다.[6] 자, 이렇게 생각해보자('➡'는 '결과물'을 의미한다):

---

5 작업 공간을 대상으로 적용되는 병합 방식이 처음 제안되었을 때, 기존의 병합(Merge)과 구분하기 위해, 일러, 대병합(Capital MERGE)이라 불렀었다. 본문에서는 대병합의 개념은 유지하되, 따로 대병합 또는 MERGE라 부르지는 않겠다.

6 'Merge는 이제 개별 통사체들을 대상으로 하는 것이 아니라, 작업 공간(WS)을 대상으로 한다'는 언급들을 종종 보게 된다. 볼진대, 잘못된 이해에서 비롯된 오해가 아닌가 싶다. 그도 그럴 듯이, Merge가 만약 작업 공간을 대상으로 하는 기제라면, 작업 공간과 그 안의 통사체들, 혹은, 작업 공간들끼리의 병합도 가능해야 할 것인데, Chomsky는 이에 반대한다.

Workspace is a set ... but it's a different kind of set from the sets that formed by MERGE. It's not accessible to computation. You don't merge the workspace with elements within it. (Chomsky 2019b: 34)

아울러, Chomsky는 다음과 같이 단 하나의 작업 공간만을 주장한다.

No multiple workspaces. Just one. (Chomsky, p.c.)

(5c)의 언급에서도 알 수 있듯이, Merge의 대상, 즉 결합의 대상은 여전히 '통사체'다. 다만, 그러한 대상을 선택하는 범위가 '작업 공간 내'에 있는 통사체들로 국한될 뿐이다.

(6) a. WS = [the, girls, like, cats]

   b. Merge(like, cats) ⟹ WS' = [the, girls, {like, cats}]

   c. Merge(the, girls) ⟹ WS" = [{the, girls}, {like, cats}]

   d. Merge({the, girls}, {like, cats})

      ⟹ WS'" = [{{the, girls}, {like, cats}}]

생성에 필요한 어휘 항목들을 작업 공간 속에 (6a)와 같이 옮겨 놓는다.[7] 그리고 이제 Merge를 적용하여 해당 작업 공간 속의 어휘 항목들을 대상으로 결합 작업을 수행한다.

어휘 항목 like와 cats에 Merge를 적용했다 해보자. 그러면 기존의 WS (6a)는 (6b)의 WS'와 같은 모습으로 변화한다. 그 다음 the와 girls를 대상으로 Merge를 적용하면,[8] (6c)의 WS"가 탄생하고, 마지막으로, {the, girls}와 {like, cats}에 Merge를 적용하면, (6d)의 WS'"가 탄생한다. 이에, WS'"의 {the, girls}는 (3)에서와 달리 하나의 구성 성분을 이루고 있고, 따라서, 기존

---

[7]   작업 공간과 어휘부(Lexicon) 관련, Chomsky는 다음과 같이 언급한다.

All syntactic objects in the lexicon and in the workspace WS are accessible to MERGE; there is no need for a SELECT operation. (Chomsky et al. 2019: 245)

There are two options ... One option is that LEX is a subset of the workspace ... the other is that LEX is parallel to WS. (Chomsky p.c.)

참고로, 작업 공간(workspace)이라는 개념과 용어는 일찍이 Chomsky의 90년대 후반 연구에서도 등장한다. 이에, Chomsky et al. (2019), Chomsky (2021a,b)에서의 차이점이 있다면, 작업 공간이라는 것이 생성된 구조의 적합성과 관련하여 명시적인 역할을 담당한다는 것이다.

[8]   (6c)에서와 같이 적용된 Merge는 확장 조건(Extension Condition), 즉, Merge는 기존에 생성된 구조 전체를 확장시키는 방식으로 적용되어야 한다는 조건을 위반한다. 이에, Chomsky (2019b: 276)에서는 (6)과 같은 도출 과정을 허용하기 위해 확장 조건을 철회한다.

The Extension Condition is a mistake [...] has to be withdrawn.

의 Merge 방식에서 야기되었던 구조적 문제가 해결된다.

2.2. 병합과 제약

앞서 1.3절에서 Merge는 연산적 효율성(Computational Efficiency)에 의해
제어되는 운용이라는 언급을 했었다. 이는, 바꿔 말하자면, 연산적 효율성을
준수하는 그런 Merge라야 '제대로 된' Merge라는 것인데, 이번 절에서는
Merge가 준수해야 하는 연산적 효율성 관련 조건 및 제약들에 대해 아래
(7)과 같은 작업 공간을 통해 구체적으로 살펴보도록 하자.

2.2.1. 수색과 이분지성
아래의 작업 공간을 보자:

  (7) WS = [X, Y, Z]

  (7)의 WS에 포함된 통사체들을 대상으로 Merge를 적용한다 할진대, 그
전에 이루어져야 할 작업, 혹은, Merge 적용의 가장 첫 단계에서 이루어져야
할 작업은 결합의 대상이 될 통사체들을 결정하는 것일테다. 바꿔 말해, X,
Y, Z, 이 세 개의 통사체들 가운데 Merge를 적용할 대상을 결정하여 선택하
는 작업이 선행되어야 한다는 것인데, 이에 Chomsky는 관련 운용을 일러
수색(Search)이라 부른다.

  (8) For an operation O to apply to items it must first locate them. It must

incorporate an operation Σ that searches LEX and WS and selects items
to which O will apply. (Chomsky 2021b: 17)

(8)에서 알 수 있듯이, 수색(Search)이라는 운용은 비단 Merge뿐만 아니라, 무릇 운용(Operation)이라 하면, 모든 운용들이 갖추고 있어야 하는 (일종의 필수) 내장 운용으로 간주된다.[9]

자, 이제, (7)의 WS를 대상으로 한, 아래 (9)와 같은 Merge의 두 시나리오를 생각해보자:

(9) a. Merge(X, Y) ➡ WS' = [{X, Y}, Z}
    b. Merge(X, Y, Z) ➡ WS' = [{X, Y, Z}]

(9a)는 X와 Y, 즉, 두 개의 통사체들을 대상으로 Merge를 적용한 결과물이고, (9b)는 세 개의 통사체들을 대상으로 했다. 두 경우 모두 가능할까? 말인 즉, Merge가 대상으로 할 수 있는 통사체의 개수에는 어떤 제약이 있는 것일까, 아니면, 아무런 제약이 없는 것일까?

Chomsky를 따르자면, Merge는 (9a)와 같은 모습이어야 한다. 바꿔 말해, Merge는 두 개의 통사체만을 대상으로 한다는 것인데, 관련된 조건을 일러,

---

9 사실, Search라는 것을 각각의 운용들에 '내장'된 운용으로 간주해야 하는지, 아니면, 다른 운용들과 마찬가지로 하나의 '독립'적인 운용으로 봐야 하는지에 대해서는 이견이 있을 수 있다. 그도 그럴 듯이, Chomsky마저도 관련된 언급에 차이를 보인다:

(i) FC, like other operations, appropriates Σ from the third factor toolkit ... (Chomsky 2021b: 20)

(ii) The only operation that can be applied to WS is Search. (Chomsky p.c.)

'내장'이냐, '독립'이냐, 나아가 그러한 차이가 어떤 실증적 차이로까지 이어지느냐에 관한 논의는 아직 부족한 듯하다. 본문에서는 차이를 따로 구분하지 않겠다.

(Merge의) 이분지성(Binarity)이라 한다. 헌데, 의문이 든다. 왜 하필 둘로 제한하는 것일까? 셋, 혹은, 그 이상은 왜 안 된다는 것일까?[10]

사실 Merge에 대한 Chomsky (2021b)에서의 정의 (10)을 따르자면, 셋, 혹은, 그 이상의 통사체들을 대상으로 하는 Merge가 불가능한 것은 아니다 (아래 (10)은 Chomsky 2021b: 20의 정의를 소폭 수정한 것; '←'는 '적용'을 의미한다).

(10) WS = $[X_1, \ldots, X_n, W, Y] \leftarrow$ Merge$(X_1, \ldots, X_n)$
    ⟹ WS' = $[\{X_1, \ldots, X_n\}\ W, Y]$

그럼에도 Chomsky (2021b)에서는 다음과 같은 내용을 추가한다.

(11) Merge ... is the most economical structure-building operation ... In particular, $n = 2$ ... (Chomsky 2021b: 20)

필자의 견해를 섞어 Merge를 이렇게 정리해보자. Merge란 통사체를 묶어 하나의 집합, 즉, 또 다른 통사체를 생성하는 기제다. 이에, 뭔가를 묶는다 (혹은 결합한다) 하면, 최소한으로 요구되는 수는 '둘'일 것이다. 바꿔 말해, Merge는 둘, 즉, 이분지성이라는 연산적 효율성을 준수하는 구조 생성 기제라는 것이다.[11]

---

10 (7)의 WS를 WS' = $[\{X\}, Y, Z]$로 업데이트 하는, 즉, '하나'의 통사체를 대상으로 하여 한 원소 집합(Singleton Set)을 생성하는 Merge의 가능성은 논외로 한다.

11 Chomsky (2021a)에서는 셋 또는 그 이상의 통사체들을 결합하는 기제를 일러 FORMSET (FST)이라는 용어를 사용한다. 관련하여 3장을 참조하라.

2.2.2. 최소 수색

앞서, 운용 적용의 대상이 될 통사체를 선정하는 운용, 즉, Search에 대해 간략하게 언급했었다. 이에, 연산적 효율성을 고려한다면, 이 Search라는 운용 또한 '최소한'을 바탕으로 작동할 것이라는 예상이 가능하다. 아래를 보자.

(12) a. WS = [{X, Y}, Z]
   b. Merge({X, Y}, X) ➡ WS' = [{{X, Y}, X}, Z]
   c. Merge({X, Y}, Z) ➡ WS' = [{{X, Y}, Z}]

(12a)에서 통사체 {X, Y}와 또 다른 통사체를 대상으로 Merge를 적용한다고 생각해보자. (12b)는 {X, Y}와 (그 내부의) X를 결합시킨 결과물이고, (12c)는 {X, Y}와 그 외부에 위치한 Z를 결합시킨 결과물이다. 이에, (사뭇 당연한 작명이겠지만) 전자와 같은 사례를 일러 내부 병합(Internal Merge; IM)이라 하고, 후자를 일러 외부 병합(External Merge; EM)이라 한다.[12]

관련하여 Chomsky는 IM이 EM보다 연산적으로 더 효율적인, 혹은, 더 간단한 작업이라고 주장하는데, 이는 Merge의 수색 범위를 살펴 볼진데, 선정한 통사체의 내부를 수색하는 것이 그 외부를 수색하는 것보다 더욱 제한적, 즉, 더욱 '최소한'이라는 논리에서 비롯된다.[13] [14] (최소 수색과 Merge

---

12 하나의 동전에 앞면과 뒷면이 있듯이, EM과 IM은 각기 독립적인 운용들이 아니라, Merge라는 '단일(single)' 운용에 대한 두 가지의 실현형으로 간주된다.

13 EM의 경우 수색 영역은 작업 공간 내부를 너머 어휘부(Lexicon)가 될 수도 있다. 최소 수색과 관련된 보다 구체적인 논의는 4장을 참조하라.

14 이와 같은 주장은 과거 Merge over Move(MoM), 즉, EM이 IM보다 더 효율적인 작업이라는 주장에 반대된다. 따라서, 과거 MoM에 기대어 설명을 시도했던 구조, 특히, 허사(Expletive) 구문과 관련된 재조명이 필요할 것이다. 관련하여, 9.7과 Move over Merge를 주장한 Shima (2000) 또한 참조하라.

의 상호작용에 대한 보다 구체적인 내용은 4장을 참조하라.)

2.2.3. 최소 생산

아래를 보자.

(12) a. WS = [{X, Y}, Z]

    b. Merge({X, Y}, Z) ➡ WS' = [{{X, Y}, Z}]

    c. Merge(Y, Z) ➡ WS' = [{{X, Y}, {Y, Z}}]

(12b)는 통사체 {X, Y}와 그 외부에 있는 통사체 Z를 Merge한 구조이고, (12c)는 통사체 {X, Y}의 내부에 있는 Y와 (외부에 있는) Z를 Merge한 구조이다. 이에, Chomsky (2020: 48)에서는 다음과 같은 주장을 하게 된다.

(13) In mapping WS_1 to WS_2 the number of accessible items can increase only by one.

말인 즉, Merge 적용을 통한 작업 공간 내의 통사체 증가폭은 |1|을 초과해서는 안 된다, 바꿔 말해, 통사체 수의 증가폭이 |1|을 초과하는 Merge는 부적합한 Merge로 간주한다는 것인데, 관련 제약을 일러, '최소 생산(Minimal Yield; MY)'이라 한다.[15]

MY의 관점으로 (12)를 다시 보자. 기존의 WS는 X, Y, {X, Y}, Z, 이렇게

---

15 연산적 효율성을 고려하면, MY는 사뭇 당연한 조건이라 하겠다. Merge가 하는 일이 무엇이던가? '새로운' 통사체를 생성하는 것이다. 이에, 연산적 효율성을 고려한다면, 새로이 생성되는 통사체의 개수는 '하나'일 때가 가장 최소가 아니겠는가.

네 개의 통사체를 포함하고 있다.[16] 이에, (12b)에 적용된 Merge는 기존의 WS를 다섯 개의 통사체를—즉, X, Y, Z, {X, Y}, {{X, Y}, Z}}—포함하는 WS'로 변환하게 된다. 바꿔 말해, Merge로 인한 통사체 수의 증가폭이 |1|이 되고, 이는 MY를 준수한다. 반면, (12c)의 Merge는 일곱 개의 통사체를— 즉, X, Y, Y, Z, {X, Y}, {Y, Z}, {{X, Y}, {Y, Z}}—포함하는 WS'를 낳게 되고, 이는 통사체의 증가폭이 |3|이 되어 MY를 위배하게 된다.[17] [18] 그 결과, (12b)와 같은 Merge는 적합한 운용으로, (12c)에서와 같은 Merge 적용은 부적합한 운용으로 간주된다.

---

16 참고로, Chomsky (2019b)에서는 작업 공간 내부의 통사체 수를 셈하는 데 있어 Chomsky (2021a,b)와는 조금 다른 기준을 제시하고 있다.

(i) WS = [{X, Y}] ← Merge(Y, {X, Y}) ➡ WS' = [{Y$_1$, {X, Y}}]

{X, Y}와 (그 내부의) Y를 Merge하여 (i)의 구조가 탄생했다고 해보자. 이에, Chomsky (2019b)의 계산법을 따르자면, 통사체 개수가 그대로 유지된다. 이는, 통사체의 수가 WS가 포함하는 원소수를 기준으로 계산되기 때문인데, 따르자면, WS = |1| = WS'가 되는 것이다. 그 결과 Chomsky (2019b: 275)에서는 다음과 같은 주장까지 하게 된다.

Operations should never extend the workspace; they should maybe contract it, but not expand it.

하지만, 위와 같은 계산법은 이런 저런 문제를 야기한다. 한 예로, (i)의 WS의 통사체 수가 하나라면, 그 안의 X와 Y는 무엇인가? '통사체'가 아니란 말인가? 이에, Chomsky (2021a,b)에서는 '이용 가능성(Accessibility)'의 개념을 도입하여 통사체 수를 계산하는 기준을 본문에서 언급하는 바대로 수정하게 된다.

17 (12c)에서와 같은 Merge 방식을 일러, 평행 병합(Parallel Merge)이라 부른다. Chomsky 는 EM과 IM을 제외한 그 외의 다른 모든 병합 방식을 부적합한 Merge로 간주한 다. 관련하여 Citko (2005) 또한 참조하라.

18 Chomsky (2021a)에 따르면, (12c)와 같은 Merge 방식은 '불확정성(Indeterminacy)'과 관련된 문제도 야기한다. 예를 들어, WS'에 Y를 타겟으로 하는 운용 O를 적용한다고 해보자. 이 경우, 타겟이 될 수 있는 두 개의 Y가 존재하게 되고, 그 결과 둘 중에서 그 어느 것도 선택할 수 없는 불확정성의 문제가 발생하게 되는 것이다. 관련하여, 6장 을 참조하라.

2.2.4. 언어 연산-특수 조건

앞서, Merge의 두 실현형, 즉, EM과 IM 중에 후자가 더 효율적인 작업이라는 언급을 했었다. 그렇다면, 이런 의문이 들 수 있을 것이다. 더 복잡하다하는 EM이 (굳이) 존재하는 이유는 무엇일까? 바꿔 말해, IM만으로는 무엇이 부족해서, 혹은, 문제라서, EM까지 존재해야하는 것일까 하는 의문이다. 관련하여, Chomsky (2021b)에서는 다음과 같은 조건을 제시한다.

> (13) Duality of Semantics (DoS)
>
> EM is associated with Θ-roles and IM with discourse/information-related functions (Chomsky 2021b: 18)

IM은 담화 및 정보구조(Information Structure)와 관련된 의미 획득 기능을 수행한다. 바꿔 말해, 언어 표현 생성에 있어 IM으로 할 수 있는 일은 담화 및 정보구조적 의미와 관련된 구조를 생성하는 것이라는 것이다. 그런데, 언어 표현에는 담화/정보구조적 의미 외에도 (순수) 의미역할(theta role)과 관련된 구조, 즉, 의미역 구조 역시 마련돼야 하는데, Chomsky의 논리인 즉, 그러한 의미역 구조를 생성하기 위해 (어쩔 수 없이) 추가적으로 요구되는 것이 바로 EM이라는 것이다(관련하여, 5장 또한 참조하라). 나아가 Chomsky는 (13)의 Duality of Semantics를 Merge라는 기제가 준수해야 하는 '언어 연산 -특수 조건'(Language-specific Condition; LSC)들 중의 하나로 간주한다.[19]

---

19 'Language-specific Condition(LSC)'은 다른 연산 체계들과 비교할 때, '언어 능력' 연산, 즉, FL의 연산에 국한된 특수 조건을 일컫는다. 해서, 처음에는 이 LSC를 '언어-특수 조건'이라 번역하였는데, 그로 인해, 이 LSC를 '개별' 언어마다 다를 수 있는 조건, 나아가, 매개변인(Parameter)과 동일시하려는 오해들이 생겨났다. 해서, 그러한 (불필요한) 오해를 예방코자 원어에 없는 '연산'을 첨가하여, 본문에서는 '언어 연산-특수 조건'

정리하자면, Merge는 아래의 조건들을 준수하고, 아래의 조건들을 준수하는 Merge만이 적합한 병합 방식으로 간주된다.

(14) Merge의 준수 조건들

    a. 이분지성(Binarity)

    b. 최소 수색(Minimal Search; MS)

    c. 최소 생산(Minimal Yield; MY)

    d. 의미의 이중성(Duality of Semantics; DoS)

으로 다소 의역해 놓았다.

제3장

집합 형성과 어열 형성

3.1. 집합 형성

아래의 작업 공간을 보자:

(1) a. WS = [the, boys, like, sushi]

b. WS = [{{the, boys}, {like, sushi}}]

Merge라는 기제는 작업 공간 내의 통사체 '두 개'를 결합하여 하나의 집합, 즉, 새로운 통사체를 생성한다 했고, 이와 같은 특성을 일러, Merge의 이분지성(Binarity)이라 한다 했다. 이에, (1b)는 그러한 이분지성 Merge의 연속 적용으로 생성된 구조다. 자, 그런데, Chomsky (2021a)에서는 둘 보다 많은 통사체들의 결합이 요구되는 구조들이 존재하고, 따라서, 그러한 구조들을 설명하기 위해서는 이분지성에 구속받지 않는 보다 포괄적인 운용이 필요하다 주장하여, 아래 (2)의 '집합 형성(FORMSET; FST)'이라는 새로운 운용을 제안한다.

(2) The operation FORMSET (FST) selects X_1, ..., X_n from WS and forms

$Y = \{X_1, ..., X_n\}.^1$ (Chomsky 2021a: 7)

(2)에서 알 수 있듯이, FST는 Merge와는 달리, 타겟으로 할 수 있는 통사체의 수에 이분지성(Binarity)이라는 제약이 없다. 바꿔 말해, 두 개든, 세 개든, 적어도 원칙적으로는 무한대의 통사체들을 결합하여 하나의 집합을 생성해낼 수 있는 운용이 FST라는 것이다.[2]

자, 그렇다면, 질문을 하나 던져보자. Merge와 FST는 서로 어떤 관계일까? 타겟으로 할 수 있는 통사체의 개수 제한에서만 차이가 날 뿐, 사실은 동일한 운용, 바꿔 말해, FST의 여러 실현형들 중 하나에 붙여진 (특별한) 이름, 혹은, 별명이 Merge인 것일까? 아니면, Merge와 FST는 서로 별개의 독립적인 운용인 것일까? 관련된 Chomsky (2021a: 23)에서의 언급은 아래와 같다.

(3) General FORMSET yields ... a base for sequences; Merge, its minimal case, satisfies the further economy condition RR.[3]

(3)을 따르자면, Merge는 FST의 최소 사례(Minimal Case), 즉, 통사체 둘을

---

1   참고로, Chomsky (2021b)에서는 'FORMSET'이라는 용어가 따로 등장하지 않는다. 2장의 (10)과 관련된 논의를 참조하라.

2   그럼에도 Chomsky는 다음과 같이 첨언하고 있다.

For language, resort to FST beyond 2 seems to be extremely limited. (Chomsky p.c.)

3   RR은 Resource Restriction(자원 제한)을 가리키고, 그 내용은 대략 아래와 같다:

Linguistic computation seeks to minimize resources. (Chomsky 2021a: 9)

앞서 2.2.3에서 언급한 Minimal Yield, 즉, Merge는 (작업 공간 내의) 통사체 개수를 |1| 만큼만 증가시킬 수 있다는 제약의 보다 포괄적인 상위 제약으로 이해하면 될 것이다.

대상으로 한 FST에 별도로 붙여진 이름이 Merge라고 생각할 수 있을 것이다. 하지만, 아래 (4)와 같은 언급을 또 고려하면, Merge를 FST의 최소 사례로 단순 치환하는 것은 다소 성급한 결론일 수 있다.

> (4) We have to distinguish Merge(X, Y) from the binary set {X, Y} formed
>   by FST as its minimal case. We might define Merge as the case of {X,
>   Y} that meets RR. (Chomsky 2021a: 9)

말인 즉, {X, Y}와 같이 통사체 두 개를 원소로 하는 집합 구조는 Merge를 통해서도, FST(의 최소 사례)를 통해서도 공히 생성될 수 있지만, 둘은 분명 구분되어야 한다는 것이다. 바꿔 말해, 겉보기에는 동일한 {X, Y}이지만, 그것이 Merge 적용에 의한 결과물인지, FST 적용에 의한 결과물인지에 따라 그 성격이 다르다는 것이다. 이에, 전자, 즉, Merge는 (FST와는 달리) '자원 제한(Resource Restriction; RR)'이라는 제약을 준수해야 한다고 말하고 있다. 각주 3에서도 잠깐 언급하였듯이, RR이란 사실 '연산적 효율성'과 동일한 의미라 할 수 있다. 뭘 하든, 최소한으로 해라는 것인데, 이에, Merge가 RR을 준수한다는 말은 Merge는 이분지성을 준수해야 한다는 말이요, FST는 그렇지 않다[4]는 것은 이분지성에 의해 제한되지 않는다는 말이다(관련하여 4.4. 또한 참조하라).

자, 그러면 이제, 본 절의 서두에서 언급했던 내용, 즉, 둘 보다 많은 통사체들의 결합이 요구되는 '특별한 형상(special configuration)', 바꿔 말해, FST라는 추가적인 운용의 필요성을 야기하는 그 형상들에 대해 절을 넘겨 살펴

---

4   (4)에서 명시적으로 언급되진 않지만, 충분히 유추해 낼 수 있는 결론이다.

보도록 하자.

3.2. 어열 형성

　지금까지 논의해 온 구조 생성 기제, 즉, Merge는 기본적으로 '집합(Set)'
을 생성하는 운용이다.[5] 바꿔 말해, 결합된 통사체들 사이에는 그 어떤 순서
도 존재하지 않는 그런 집합을 생성하는 운용이라는 것이다. 하지만, 아래
예문을 보자:

　(5) Mary and Rosie have blue and green eyes, respectively

　(5)는 Mary의 눈은 파랗고, Rosie의 눈은 초록이라는 의미다. 말인 즉, (5)
와 같은 등위 접속 구문, Chomsky의 말을 빌리자면 '특별한 형상'[6]들의 경우
에는 그 의미를 제대로 해석하는 데 있어, 통사체들의 (선형적) '순서(order)'가
중요한 역할을 담당한다는 것이다.[7] 하지만, 언급하였듯이, Merge는 결합된

5　이는 FST에도 공히 적용된다. 하지만, 그 구분이 필요하지 않은 문맥에서는 표기의 난
　잡함을 피하기 위해 Merge만 언급하도록 한다.

6　(5)에서와 같이 'and'와 같은 접속사가 외현적으로 등장하는 구문을 일러, '구조적
　(structured)' 등위접속이라 하고, 'Mary, Susan, Rosie, ... went to the mall, visited the
　museum, ...'과 같이 접속사가 등장하지 않는 구문을 일러 '무구조적(unstructured)' 등
　위접속이라 한다.

7　필자의 견해로는 (5)와 같은 구조의 순서적 해석은 해당 구문의 특성이라기보다 're-
　spectively'라는 어휘에서 비롯되는 것 같다. 그도 그럴 듯이, 'respectively'가 빠진 아래
　(i)와 같은 경우,

　(i) Peter and Mary are tall and smart

통사체들 사이에 아무런 선형적 순서가 없는 그런 집합을 생성하는 기제요, 따라서, Merge에 더해 선형적 순서를 잡아주는 추가적인 운용이 (불가피하게) 요구되는데, 이에, 그러한 운용을 일러 '어열 형성(FORMSEQUENCE; FSQ)'이라 부른다.[8] 관련된 Chomsky의 이야기를 들어보자:

(6) a. In order to generate these objects [coordinated structures], you generate syntactic objects in WS, select a finite set of these, and from that set form a sequence S and that sequence S is the syntactic object that you're then going to merge into the construction. (Chomsky 2019b: 50)

b. General FST yields [...] a base for sequences. (Chomsky 2021a: 23)

(6)에 따르자면, 순서가 정해진 통사체들, 즉, 어열(Sequence)이 생성되는 과정은 대략 다음과 같다. 우선, 작업 공간 내 집합(들)의 원소들을 추출하고,[9] 그 원소들을 대상으로 FSQ를 적용하여 어열로 변환시킨다. 그 다음,

---

'Peter는 크고, Mary는 똑똑하다'는 의미가 사라진다. 하지만, 'respectively'를 첨가하면 그와 같은 순서적 의미가 탄생한다.

8 엄밀히 따지자면, FSQ와 같은 또 다른 구조 생성 운용을 추가하는 것은 Merge(와 Computational Efficiency)만으로 FL을 설명해 보겠다는 최소주의 취지에 위배되는 방향이라 하겠다. 관련하여, (FSQ의 전신이라 할 수 있는) Pair-Merge라는 운용을 제거하고자는 여러 시도들이 있었으나 (Shim 2020), 현재로선 이렇다 할 대안이 없어 보인다. 참고로, 최근 들어 Chomsky는 자신이 제안했던 FSQ에 대해 재고하여 통사부에서 제거하려는 생각을 하고 있는 듯하다:

There's no FSQ in I-language ... Sequences are a discourse property. (Chomsky p.c.)

9 이 말은 곧, 특정 통사체(들)에 FSQ를 적용하기 위해서는 해당 통사체들이 FST의 결과물이어야 함을 의미한다. 바꿔 말해, FST의 결과물들에 한해서만 FSQ의 적용이 가능하다는 것인데, 관련하여 Chomsky는 다음과 같이 언급한다.

The preliminary step of forming a set is necessary to allow extraction. (Chomsky p.c.)

상기 내용을 고려할 경우, FST라는 기제가 하는 일, 혹은, FST라는 기제의 존재 이유는

변환이 완료된 어열을 기존의 작업 공간 내에 다시 삽입하는 것이다.[10] 자,
그러면 이제, 아래 (7)에 대한 Chomsky (2021a: 23-24)에서 논의 내용들을
바탕으로 FSQ에 좀 더 살을 붙여 보도록 하자.

(7) a. John arrived and met Bill

b. {{v, {arrive, John$_1$}}, {John$_2$, {v*, {meet, Bill}}}}

c. {John$_3$, ... {&, {{v, {arrive, John$_1$}}, {John$_2$, {v*, {meet, Bill}}}}}}

주어진 작업 공간 내에서 Merge를 통해 John arrive와 John meet Bill이
각각 생성되고, 그 둘을 결합하면,[11] (7b)의 구조가 생성된다. 그 다음, 접속사
&(= and)을 Merge 하고, 이어, John을 이동시키고 나면,[12] (7c)와 같은 구조가

어열 형성을 위한 예비 작업을 수행하는 것(뿐)이 아닌가 하는 의심이 드는데, 이에,
FSQ를 제거하려는 듯한 Chomsky의 최근 행보를 볼진대, FST 역시 상당한 재고의 여
지가 있어 보인다.

10 이는 곧, 어열 형성 작업이 작업 공간 '내부'가 아닌, '다른 곳'에서 이루어짐을 의미한
다. 이는, Pair-Merge는 Set-Merge와 달리 별개의 차원(separate plane)에서 이루어진다
는 Chomsky의 과거 주장의 연장선이요, 이와 같은 주장은 Chomsky (2020: 49)에서도
아래와 같이 되풀이 되고 있다:

Pair-formation ... yielding an n-dimensional structure that is merged into the ongoing
derivation.

11 (7b)의 과정이 있어야만 {v, {arrive, John}}과 {John, {v* meet Bill}}을 '집합'의 형태
로 추출할 수 있다. 아울러, (7b)에서와 같은 추가 병합은 &의 작용역(scope) 또한 관련
될지 모른다.

12 아래 구조를 보자.

(i) {&, {John, {v*, {buy a book}}}, {John, {v*, {read it}}}}

(i)을 통해 John bought a book and read it을 생성하려면, (i)의 단계에서 John의 이동
이 발생해야 한다. 하지만, (7b)에서와 달리, (i)에서는 불확정성의 문제가 발생하게 된
다. 이는 두 John의 내포 정도가 동일하기 때문인데, 관련하여, Chomsky (2021a: 24)에
서는 다음과 같이 말한다.

탄생한다.[13] 자, 이제 이 단계에서 FSQ를 적용한다. FSQ는 &, {v, {arrive, John₁}}, 그리고, {John₂, {v*, {meet, Bill}}}을 추출하여 (다른 차원에서) 아래와 같은 어열을 생성한다.

(8) <&, {v, {arrive, John₁}}, {John₂, {v*, {meet, Bill}}}>

그리고 마지막으로 (8)의 어열을 기존의 작업 공간에 삽입하면,[14] 아래와 같은 구조가 완성된다.

(9) {John₃, <&, {v, {arrive, John₁}}, {John₂, {v*, {meet, Bill}}}>}

요인 즉, John arrived and met Bill과 같은 등위접속 구문을 생성하기 위해서는 무순의 집합만 생성할 수 있는 Merge/FST에 더해 FSQ라는 운용의 추가가 불가피하다는 것이다.

The interfaces are not affected, so that there is no lethal ambiguity.

말인 즉, (i)과 같은 경우, 두 John 중 어떤 John이 이동하였든 음성화와 의미 해석에는 아무런 차이가 발생하지 않기에, 그와 같은 모호함(ambiguity)은 치명적(lethal)이지 않다는 것이다. 이는 곧, 접합 층위에서 문제가 발생하지 않는다면, 불확정성(Indeterminacy)의 문제는 문제가 되지 않을 수 있음을 암시한다. 관련하여 6장 또한 참조하라.

13 John의 이동은 FSQ가 적용되기 전에 발생해야 한다. 통사체 {&, {{v, {arrive, John}}, {John, {v*, {meet Bill}}}}}이 FSQ의 적용으로 '어열'로 변환되면, 그 내부의 어떤 요소도 추출이 불가능해지기 때문이요, 바로 이러한 추출 불가능을 표시하기 위해 다른 표기, 즉, < >를 사용하는 것이다.

14 엄밀하게 따지자면, 어열로 변환된 통사체를 기존의 작업 공간에 삽입하는 것은 순환성(cyclicity)을 위배한다 하겠다. 하지만, Chomsky는 이와 같은 어열 삽입 작업은 빈값 자질의 값매김 작업과 크게 다를 바 없으므로 문제되지 않는다는 입장이다. 아울러, 어열을 형성하는 통사체들 사이에는 선후(Precedence) 관계만 성립할 뿐, c-command 관계는 성립하지 않는다고 주장한다.

자, 이제, 언급했던 도출 과정들에서 발생할 수 있는 몇몇 문제점들을 간략하게 짚어보도록 하자.

(10) {v, {arrive, John$_1$}}, {John$_2$, {v*, {meet, Bill}}}

(10)은 John arrive와 John meet Bill을 각각 생성한 모습인데, 관련하여 Chomsky (2021a: 23)에서는 다음과 같이 언급한다(인용문의 이탤릭은 강조를 위하여 필자가 추가하였다).

(11) The first step is to form the two independent object ... in the normal way, satisfying Theta Theory and *Labeling*.

말인 즉, (10)의 구조에는 (Theta를 포함하여) 표찰화에 아무런 문제가 없다는 것인데, 이런저런 의문이 생긴다. 우선, (10)의 {{$_{NP}$ John$_2$},[15] {$_{v*P}$ v*, {meet, Bill}}}}은 표찰화의 모호함(Labeling Ambiguity)을 초래하는 전형적인 XP-YP 구조를 하고 있다. 따라서, 그러한 상황을 두고 표찰화에 문제가 없다 할 수 있는 것인지 이해하기 힘들다. 관련한 Chomsky (2021b: 33)에서의 또 다른 언급을 보자.

(12) a. John$_3$ ... {{v, {arrive, John$_1$}}, {John$_2$, {v*, {meet, Bill}}}}
   b. Either *John$_1$* or *John$_2$* can raise by IM to the position of *John$_3$* ... But it doesn't matter.

---

15   John$_2$의 내부 구조 표시는 생략하였다.

(12b)의 말인 즉, (12a)의 John₃ 위치로 이동한 요소가 John₁이든, John₂이든, 문제될 게 없다는 것이다. 과연 그럴까? 이쪽이 됐든, 저쪽이 됐든 아무런 상관이 없는 것일까?

언급하였듯이, (12a)의 {John₂, {v* ... Bill}}은 표찰화의 모호함을 초래하는 XP-YP 구조다. 하지만, {v, {arrive, John₁}}은 그 자체로 표찰화에 아무런 문제가 발생하지 않는 구조다. 따라서, John₃의 위치로 이동하는 요소가 John₂가 아닌 John₁일 경우에는 표찰화에 문제가 발생하고, 이는 곧, John₃로 이동하는 요소는 John₂여야 할 것을 의미한다. 뿐만 아니다(편의상 (10)의 기본 구조를 다시 옮겨온다).

(13) X ... {{v, {arrive, John₁}}, {John₂, {v*, {meet, Bill}}}}

앞서, Merge가 준수해야 하는 조건들 중에 하나로 최소 수색(MS)을 언급하였다. 자, 그럼, MS의 관점에서 (13)을 살펴보자－X 자리에 John을 (Internal) Merge 시키고자 할진대, John₁과 John₂ 둘 중에 어떤 쪽을 찾는 것이 (더욱) 최소한의 수색일까? John₂다. 왜냐면, John₁보다 구조적으로 '덜' 내포되어 있기 때문이다. 자, 이렇게 MS를 고려하더라도, X의 자리로 이동해야 하는 John은 역시 John₂일 수밖에 없다는 결론이 나온다.

여러 의문들이 남지만, 누군가의 연구 주제로 남겨두고, 다음 절로 넘어가도록 하자.

3.3. 쌍-병합과 어열 형성

아래를 보자:

    (14) a. young men

        b. <young, men>

(14a)에서와 같은 수식-피수식, 즉, 부가 구조(Adjunction)[16]에 대한 통상적인 구조 분석은 (14b)와 같았고, 해당 구조는 '집합'을 형성하는 집합 병합(Set-Merge)이 아닌, '순서쌍'을 형성하는 쌍-병합(Pair-Merge)이라는 별도의 운용이 적용되어 생성되는 것으로 간주되어왔다.[17] 이유인 즉, (14)의 경우, Set-Merge로 생성되는 구조들과는 다소 상이한 특성을 보이기 때문인데, 표찰화(Labeling)와 추출로 예를 들어보자.

    (15) a. [NP(=the boy), VP(=like cars)]

        b. [AP(=young), NP(=men)]

Chomsky (2015a)를 따르자면, (15a)와 같이 구(phrase)와 구(phrase)가 결합된 XP-YP 구조의 경우에는 각 구의 두 핵, 즉, X(=N)와 Y(=V)의 구조적

---

16 (14b)와 같은 구조에서 young과 같이 부가된 통사체는 (차후) 통사적 운용에 비가시적인 요소로 간주된다. 각주 19에서도 언급하는 바, 부가어의 통사적 비가시성은 해당 작업이 '다른 차원'에서 이루어졌다는 사실에서 비롯된다. 비유컨대, 2차원에 사는 생명체는 3차원을 볼 수 없는 것이다.

17 Set-Merge와 Pair-Merge가 '별개'의 운용이라는 점은 각각의 과거 명칭에서도 드러난다. 전자는 'Substitution', 후자는 'Adjunction'이라 불렸었다.

내포도가 동일하기 때문에 표찰 결정의 모호함이 발생하는데, 이는 곧, NP와 VP가 서로 대등한 관계, 바꿔 말해, 대칭(Symmetric)적 구조임을 의미한다. 하지만, 역시 XP-YP 구조를 하고 있는 (15b)의 경우에는, (NP의 내부 구조가 설사 아무리 복잡하고, AP가 아무리 많이 있다 하더라도) 그 표찰은 언제나 NP(의 핵)로 결정된다. 말인 즉, (15b)의 구조는 (15a)와 달리 어느 한쪽, 즉, NP가 언제나 우위를 점하는 비대칭적(Asymmetric) 특성을 가지고 있다는 것인데, 이에, 전자는 Set-Merge를 통한 무순의 집합으로써 그 대칭성을 포착하고, 후자는 Pair-Merge라는 별도의 운용을 통해 생성된 순서쌍으로써 비대칭성을 포착해 온 것이다.

(15a,b)는 추출과 관련하여서도 차이를 보인다.

(16) a. [the boy] seems to [<the boy> like cars]

 b. [like cars], the boy never will [<the boy> <like cars>]

 c. *[men] seems to [young <men>] prefer yellow

 d. *[young], men will never [<young> <men>] understand it

 e. [young men] will never [<young> <men>] understand it

(16a,b)에서 알 수 있듯이, [the boy like cars]의 경우에는 [the boy] 혹은 [like cars]의 독립적인 추출이 가능하다. 하지만, (16c,d,e)에서 보이듯이, [young men]의 경우에는 [young] 혹은 [men]만 따로 추출할 수 없고, 오직 [young men] 전체로써만 추출이 가능하다.

이렇듯, (15b)와 같은 부가 구조는 Set-Merge로 형성된 (15a)와 같은 구조와는 사뭇 다른 특성들을 보이는데, Chomsky (2021a,b)에서는 앞서 등위 접속 구조를 생성하는데 이용했던 FSQ라는 기제를 (15b)와 같은 부가 구조 생성에도 공히 적용하고 있다. 말하자면, 아래 (17)에서와 같이, 등위 접속 구문과 부가 구문을 FSQ라는 동일 운용을 통해 통합적으로 분석하고자는 시도인 것이다.

(17) WS = [... {young, men} ...] ← FSQ ➠ <young, men>

(기존의) Pair-Merge 방식과 FSQ 방식에 차이가 있다면, 전자는 날 것의 통사체들에 직접 적용되어 순서쌍을 형성하는 운용인 반면, 후자의 경우에는 FSQ를 적용하기 전에 young과 men 집합의 원소일 것, 바꿔 말해, 병합의 결과물일 것을 전제로 한다는 점이다.[18]

자, 이제, 등위 접속 구문인 (8)과 부가 구조인 (17)을 한데 두고 비교를 해보자(아래 (18c)는 부가어 young이 다른 차원에 있어 통사적으로 비가시적이라는 점을 Chomsky 2019a에 의거, 시각화 해 본 것이다).[19]

(18) a. $<\&, \{v, \{arrive, John_1\}\}, \{John_2, \{v^*, \{meet, Bill\}\}\}>$ (= 8)

b. <young, men> (= 17)

c. men

  \

 young

---

18 엄밀히 말하자면, '병합'의 결과물이라기보다 'FST'의 결과물이라 해야 할 것이다.

19 young의 통사적 비가시성은 [young men]의 경우 그 전체는 (예를 들어) 이동의 대상이 될 수 있지만, young 혹은 men 단독으로는 추출이 불가능한 현상을 설명하는데 유용한 가정이 돼준다. 말했듯이, young은 (다른 차원에 있어) 비가시적이요, 그럼에도 men에 연결되어 있는 요소이기 때문이다(라는 설명이 가능해지기 때문이다).

Chomsky (2021a,b) 체계 내에서는 (18a)와 (18b)는 모두 FSQ의 적용을 통해 생성된 구조다. 자, 그렇다면, (기존의) Pair-Merge는 FSQ로 완전 대체가 되는 것일까? 아니면, Merge와 FST의 경우처럼, 전자를 후자의 (단순한) 최소 사례로 봐야 하는 것일까? 이 의문은 3.5에서 이어 살펴보기로 하겠다.

3.4. 핵 이동과 어열 형성

앞 절에서 살펴보았던 <young, men>과 (적어도 외견상으로는) 구분되지 않는 구조가 있다.

    (19) <v*, V(=R)>

(19)의 형상은 (18b)의 <young, men>과 동일하지만, 형성되는 과정에서는 서로 차이가 있다. (19)의 경우는 날 것의 v*와 V를 대상으로 Pair-Merge를 (직접) 적용하여 생성한 것이 아니라, V(=R)의, 소위 말하는 핵 이동(Head Movement; HM)을 통해 생성된 것이기 때문이다.[20] 헌데, Chomsky (2020, 2021a,b)에서는 이 핵 이동이라는 운용 자체를 통사부에서 (완전히) 제거하려 하고, 그에 따라 기존과는 다른 제안들을 하고 있다. HM의 대표적인 사례라 할 수 있는 V에서 v*로의 이동과 T에서 C로의 이동, 그 중 전자부터 간략하

---

20 Chomsky (2015a)에서는 V(=R)가 v*로 핵 이동함으로써 탄생하는 구조는 <v*, V>가 아니라, 순서가 뒤바뀐 <V, v*>라 주장하는데, 이를 따르자면, 부가된 요소는 (V가 아니라) v*가 된다. 참고로, <X, Y> 구조에서 부가된 요소를 후행하는 Y로 일관되게 간주하려면, (18b)의 'young men' 또한 <men, young>으로 표기해야 할 것이다.

게 살펴보자.

(20) {CAT, R}[21]

Chomsky (2021a,b)를 따르자면, 통사부의 모든 도출은 (20)과 같은 범주소 (Categorizer; CAT)와 어근(Root; R)의 결합으로부터 시작된다.[22] 이어지는 도출 과정에서 또 다른 핵 T가 도입되고, 관련된 구조가 완성되어 접합 층위로 전달되면, 구조상의 모든 핵들은 음성화(Externalization) 과정의 합병(AMAL-GAMATE)이라는 기제를 통해 [T, [CAT, R]]과 같이 하나로 합쳐진다. 이에, 엄밀히 따지자면, 종래의 V-to-v* 이동은 (20)과 같이 통사부의 직접적인 병합으로 생성되고, 종래의 v*-to-T 이동은 음성화 과정에서 발생하는 것으로 볼 수 있다.

자, 이제 또 다른 핵 이동, 즉, T-to-C 이동과 관련하여 먼저 Chomsky (2020)에서의 주장[23]부터 살펴보도록 하자.

(21) WS = [C, {T, VP}] ← Pair-Merge(C, T) ➡ <C, T>
     Merge(<C, T>, {T, VP}) ➡ WS' = [{<C, T>, {T, VP}}]

우선, 주어진 WS의 C와 T에 Pair-Merge를 적용하여 <C, T>를 생성한

21　(20)의 {CAT, R}은 FSQ에 의해 <CAT, R>로 변환되는 절차가 필요하지 싶다. 관련하여, 각주 25 또한 참조하라.

22　Chomsky (2019a)에서는 (20)과 같은 범주소와 어근의 결합은 모든 도출의 첫 단계일 뿐만 아니라, (통사부가 아닌) 어휘부에서 발생할 가능성을 언급한다. 관련하여 3.5.의 논의를 참조하라.

23　이는 Hisatsugu Kitahara의 주장을 수용한 것이다.

다.[24] 이어, 생성된 <C, T>와 기존의 {T, VP}를 Merge하게 되면, {<C, T>, {T, VP}}가 생성된다. 하지만, Chomsky (2021b: 36)을 보면 (21)에서와 같은 도출 과정을 부정하는 듯하다.

(22) [T]-to-C raising ... seems to me a questionable move ... may fall the V-second phenomena, a very different matter.

말인 즉, V-v*-T까지로의 결합과 T-C로의 결합은 서로 다른 성질이라는 것이다. 전자는 핵 이동, 혹은, 음성화 과정의 합병을 통해 형성되는 것인 반면, 후자는 그와는 무관한 V-second라는 별개의 현상이라는 입장인 것이다.

볼진대, 통사부에서 핵 이동을 제거하려는 그 목표에는 조금 더 가까워진 듯하지만, 완전히 도달하기에는 다듬어 명확히 해야 할 부분들이 아직 많이 남아 있는 듯하다(관련하여 3.6. 또한 참조하라).

3.5. 연결

앞 절에서 살펴보았던 구조들에 대해 논의의 살을 좀 더 붙여 보자.

(23) a. <CAT, R>

b. <C, T>

c. <young, men>

d. <&, X, Y>

---

24 이러한 생성이 정확히 어떻게 이루어지는지는 미지수다. 하지만, 이후의 Merge를 고려한다면, 작업 공간이 아닌 별도의 차원에서 이루어지는 것으로 짐작된다.

범주소(Categorizer)와 어근(Root)이 결합된 (23a)의 구조와 관련한 Chomsky 의 입장을 보자면, 통사부 생성과 어휘부 생성 사이에서 아직 결정을 하지 못하고 있는 모습이다. 이에, 만약 전자라면, FSQ를 통해 생성되는 것일 테고(따라서, 그 전에 FST의 과정이 필요할 것이고), 후자라면 (형태소 결합과 유사한) 어휘부의 기제에 의해 생성되는 것일 것이다.[25]

(23b)를 보자 ─ (23a)와 달리, (23b)의 생성은 통사부의 FSQ만 언급되고 있다.[26] 그도 그럴 듯이, C와 T의 결합을 범주소와 어근의 결합으로 간주하기에는 상당한 무리가 따르기 때문일 것이다.

(23c)는 FSQ로 생성된 구조이며, 언급한 <범주소, 어근>의 분석을 따르자면, 그 상세 구조는 <<R(=young), a>, <R(=men), n>>이 될 것이다. 마지막으로 (23d)는 등위 접속 구문에 대한 FSQ 적용 구조가 되겠다.

자, 이제 조금 더 복잡한 구조를 살펴보도록 하자(아래 (24a)의 L은 Link; 시각적 구분을 위해, 범주소는 소문자로(n), Link는 대문자로(N) 표기했다).

---

25 두 가능성 중 어느 쪽이 되었건, (23a)와 같은 범주소와 어근의 결합은 <R, v*>에만 국한되는 게 아니다. 소위 말하는 실질 범주(Substantive Category), 즉, N, V, P, A 모두가 어근(R)이요, 각각에 해당하는 범주소와 결합한다고 간주하니, <R, v*> 외에, <R, n*>, <R, p>, <R, a>까지 있는 셈이다. 참고로, v와 v*, n과 n*의 구분은 전자의 경우 transitivity의 차이로, 후자는 definiteness의 차이로 간주하는 듯하다.

26 FSQ를 통해 <C, T>를 생성하는 방법은 여러 가지가 있을 것인데, 그 중에 하나는 다음과 같다.

(i) WS = [{C, {T, ... }}] ← FSQ(C, T) ➡ WS' = [{<C, T>, {C, {T, ... }}}]

(i)의 WS'는 사실, C와 T가 '이동'한 구조와 크게 다를 바가 없다. 따라서, (i)과 같은 분석은 핵 이동을 (완전히) 제거한 것이라 보기 힘들다. 또 하나의 가능성으로는 (23a)의 생성과 동일한 (ii)와 같은 과정을 생각해 볼 수 있다.

(ii) WS = [{C, T}, {EA, ... }] ← FSQ(C, T) ➡ WS' = [<C, T>, {EA, ... }]

하지만 (ii) 역시, 차후 도출 과정 중에 <C, T>를 이동시켜야 한다는 문제를 안게 된다. 관련하여 3.6. 또한 참조하라.

(24) a. $<CONJ, <S_1, L_1>, ..., <S_n, L_n>>$

b. $[_{NP}$ John and Mary] went to the bar

c. $<\&(=CONJ), <<R(=John), n>(=S), N(=L)>, <<R(=Mary), n>, N>>$

(24a)는 등위 접속 구문에 대해 Chomsky (2020)에서 제안하는 구조로써, 접속된 각 요소들은 'Link'라 명명한 동일한 요소에 연결된다고 주장한다.[27] 이에, 모든 실질 범주가 <범주소, 어근>의 구조라는 주장을 수용하면(각주 25 참조), (24b)의 [John and Mary]는 (24c)와 같이 분석될 수 있다.[28] 자, 그렇다면, 명사구가 아닌 다른 범주들의 등위접속 구조는 어떤 형상일까? 우선, 상대적으로 간단한 동사구 등위접속부터 살펴보자.

(25) a. John $[_{VP}$ smiled and resigned]

b. $<\&, <<smile, v>, V>, <<resign, v>, V>>$

<범주소, 어근> 분석을 수용하면, 동사 smile과 resign은 각각 $<R(=smile),$ $v>$과 $<R(=resign), v>$이 될 것이고, 이에, 각각에 Link(= V)를 추가하면 (25a) 의 VP 구조는 (25b)와 같은 좀 더 복잡한 모습일 것이다.[29] 자, 그럼 이제,

---

27 Chomsky (2019a)에서는 Link는 등위 접속되는 요소들에 '공통된(common)' 무엇이어 야 한다고 주장한다. 따라서, (24b)와 같은 '명사구' 등위 접속의 경우 명사구에 공통된 무엇이 Link가 되어야 하며, 이에, 그 Link를 (대문자) 'N'으로 표기하였다.

28 어쩌면 (24c)는 보다 단순한 다음과 같은 구조일 가능성도 있다.

$<\&, <R(=John), n>, <R(=Mary), n>>$

John과 Mary가 공유하는 n이 있으니, 이 n이 Link의 역할을 겸할 수도 있는 것이다.

29 Link 관련, Chomsky (2019c: 51)에서는 조금 다른 언급을 하고 있다.

the assumption is that [...] the link is the categorizer: n and v for NP and VP coordination.

상대적으로 좀 더 모호할 수 있는 형용사의 등위 접속 구조를 살펴보자.

(26) a. the lions$_2$ are [the lions$_1$ young and strong]

　　 b. <&, <<R(=young), a>, lions>, <<R(=strong), a>, lions>>

(24a)의 <CONJ, <S$_1$, L$_1$>, ..., <S$_n$, L$_n$>> 형식을 따르자면, (26a)의 구조는 명사구 lions를 Link로 하는 (26b)와 같을 것인데, 이는 young과 strong이 공통으로 수식하는 것이 lions이기 때문이다. 그런데 여기서 뭔가 좀 애매한 점들이 등장한다. (간략화 한) (24c), (25b)와 (26b)를 비교해 보자.

(27) a. <&, <John, N>, <Mary, N>> (= 24c)

　　 b. <&, <smile, V>, <resign, V>> (= 25b)

　　 c. <&, <young, lions>, <strong, lions>> (= 27b)

　　 d. <&, <young, A>, <strong, A>>

(27a,b)와 같이, 등위 접속된 요소가 명사구와 동사구일 경우에는 그 Link 는 각각 N과 V가 된다. 그렇다면, 형용사구의 등위 접속 또한, (27d)에서와 같이 그 Link를 (lions가 아닌) A라 해야 뭔가 일관성이 있지 않을까? 더군다나 FSQ를 고려하면, 형용사 등위접속의 Link가 명사구 lions라는 분석은 의구심을 더욱 증폭시킨다. (28)을 보자.

위 내용을 따르자면, (25b)는 <&, <smile, v>, <resign, v>>가 될 것이다.

(28) a. the lions$_3$ are {&, {young, lions$_2$}, {strong, lions$_1$}}

　　 b. the lions$_3$ are <&, {young, ~~lions$_2$~~}, {strong, ~~lions$_1$~~}>

　　 c. young and strong lions approached his car

　　 d. {&, {young, lions$_2$}, {strong, lions$_1$}}

(28a)의 young과 strong은 소위 말하는 서술적(Predicative) 용법으로 사용
되었다. 이에, 그 도출 과정에서 lions의 이동이 가능하고, 연쇄쌍 형성[30]에
의한 lions$_2$와 lions$_1$의 삭제 또한 가능하여, the lions are young and strong으
로 음성화 될 수 있다. 하지만, young과 strong이 한정적(Attributive) 기능을
하고 있는 (28c)의 경우에는 동일한 논리를 적용하기 어려워 보인다. (28d)에
서 lions를 이동시키면 그 음성형이 lions young and strong이 돼 버리고,
그렇다고 이동시키지 않게 되면, young lions and strong lions가 돼 버리기
때문이다.

아쉽지만, 이상 언급했던 형용사의 등위 접속 구조와 관련된 문제들은
누군가의 연구 과제로 또 남겨두고, 다른 내용으로 넘어가 보자.

(29) a. John buys and sells books

　　 b. books <&, {v, {<<buy, v>, V>, books}}, {v, {<<sell, v>, V>,
　　　　 books}}>

(29b)는 (29a)의 도출 과정에서 생성되는 구조다. 이에, 주목할 것은 범주
소(v) 및 Link(V)와 유사한 표기를 사용하지만 그 속성이 다른 요소가 하나
있다는 것, 즉, (시각적 구분을 위해 이탤릭으로 표기한) 국면 핵의 v. 이에, 그동안

30　연쇄쌍 형성과 그에 따른 삭제에 관해서는 5장을 참조하라.

동일하게 표기해 온, 하지만 각각의 속성이 서로 다른 요소들을 정리해 보자
면, 대략 아래와 같다.

(30) a. v - Categorizer

    b. V - Link

    c. $\underline{v}$ - Phase Head[31]

자, 그럼 이제, 앞서 3.3.의 끝자락에서 던졌던 질문, 'Pair-Merge와 FSQ는
서로 어떤 관계에 있는 것일까'에 대해 생각해보자. 전자를 후자의 (단순한)
최소 사례로 간주할 수 있을까? 따라서, 운용은 FSQ라는 하나의 운용뿐인
것일까, 아니면, 각각을 별개의 독립적인 운용으로 간주해야 하는 것일까?
아래 (31)을 보자.

(31) a. {X, Y} vs. {X, Y, Z}

    b. <X, Y> vs. <X, Y, Z>

(31a)의 두 구조, 즉, Merge로 생성된 {X, Y}와 FST로 생성된 {X, Y,
Z}는 그 안의 통사체들 사이에 아무런 순서가 없다. 따라서, 이런 '무순성'만
놓고 본다면, 전자를 후자의 최소 사례로 간주하는데 큰 무리가 없어 보인다.
하지만, 다른 관점에서 보자면, 이런저런 모호함이 발생한다. 한 예로
c-command 관계를 따져 보자. Merge의 결과물인 {X, Y}의 경우에는 두
통사체 사이에 상호 c-command 관계가 성립한다. 하지만, FST의 결과물인

---

31 Chomsky (2021a,b)에서는 v와 v*의 차이가 결합하는 어근(Root)의 의미적 차이로 구분
   될 수 있다고 주장한다.

{X, Y, Z}에서는 요소들 간의 c-command 관계는 다소 모호하다. 아울러, FST로 생성된 {X, Y, Z}가 일반적으로 부적합한 구조로 간주되는 '다분지 구조'와는 어떻게 다른지도 논쟁의 여지가 있다 하겠다. 자, 이제, Pair-Merge 와 FSQ의 관계를 보자.

Pair-Merge로 생성되는 <young, men> 또는 <V, v*>와 같은 구조에서는 (부가된) young과 v*가 통사적으로 비가시적인 요소로 간주된다. 하지만, 이러한 통사적 비가시성이 FSQ의 사례인 <X, Y, Z>에도 동일하게 적용될 수 있는 지는 논의가 필요할 것인데, 만약 FSQ 구조에서도 통사적 비가시성이 존재한다면, 세 요소들 중 어느 것이 비가시적인지 논의가 필요할 것이고, 만약 존재하지 않는다면, 그러한 비가시성이 Pair-Merge에서는 어떻게 가능한지에 대한 논의도 필요할 것이다.[32]

여러 의문들을 뒤로 하고, FSQ와 관련된 마지막 쟁점을 살펴보도록 하자.

(32) a. John met Bill and Mary

b. John$_3$, <&, {John$_1$, {meet$_1$, Bill}}, {John$_2$, {meet$_2$, Mary}}>

c. {John, {meet, <&, {Bill, n}, {Mary, n}>}}

명사구가 등위 접속된 (32a)의 구조는 (32b)일까, 아니면, (32c)일까? 어쩌면 두 구조가 모두 가능할지 모른다.[33] (32a)는 John이 Bill과 Mary를 각각 따로 만났다는 해석과 동시에 둘을 함께 만났다는 해석 또한 가능할 것이기

---

32 관련된 Chomsky (p.c.)의 언급은 아래와 같다.

The pair <x, y> is a minimal sequence. Interpretive operations might exploit the asymmetry to yield adjunction. Matters not investigated carefully yet.

33 관련하여 도움을 준 Manabu Mizuguchi에게 감사한다.

때문이다. 이에, (32b)는 전자의 해석을, (32c)는 후자의 해석을 제공할 것이다.

자, 그런데, (32b)에서는 서술어 meet의 음성화와 관련하여 소소한 문제들이 발생한다. (32b)가 (32a)와 같이 음성화가 되려면, 두 meet 중 하나는 음성화 과정에서 삭제돼야 한다. 이에, 삭제가 되려면, $meet_1$과 $meet_2$는 연쇄쌍을 형성해야 할 것인데, 바로 여기서 문제가 발생하는 것이다. Chomsky (2021a,b)에 따르면, 연쇄쌍 형성은 한 쪽이 다른 한 쪽을 c-command하는 동일한 두 통사체들 사이에서(만) 가능하다.[34] 하지만, (32b)에서 $meet_1$은 $meet_2$를 c-command 하지 않는다. 따라서, $meet_1$과 $meet_2$는 연쇄쌍을 형성할 수 없게 되고, 이는 곧 $meet_2$에 대한 삭제가 불가능함을 의미한다. 그 결과, (32b)의 음성 실현형은 John met Bill and met Mary가 돼버리는데, 이는 (32a)와 다르니 문제가 되는 것이다.

3.6. 핵 이동과 도출

앞서 3.4절에서, <R, v>와 같은 범주소와 어근의 결합이 도출의 첫 단계일 수 있다는 언급을 했었다. 이번 절에서는, 그와 같은 핵끼리의 직접적인 결합이 FSQ에 의해서도 가능할지, 그에 따라 통사부에서 핵 이동을 (완전히) 제거할 수 있을 지 살펴보고, 이어, 핵 이동 및 도출 과정과 관련하여 꽤나 재미있는 제안을 하고 있는 Saito (2012)와 Gallego (2014)를 간략하게 살펴보도록 하자.

우선, FSQ를 통해 <R, v>를 생성하는 가능성을 살펴보도록 하자.

---

34 연쇄쌍 형성에 대한 보다 자세한 내용은 5장을 참조하라.

(33) a. {v, {R, ... }} ← Pair-Merge(R, v) ➡ {<R, v>, {<R>, ... }}

b. WS = [{R, v}, { ... }] ← FSQ(R, v) ➡ WS' = [<R, v>, { ... }]

c. WS = [{C, T}, {$_{vP}$ John ... }] ← FSQ(C, T) ➡ {<C, T>, {$_{vP}$ John ... }}

(33a)의 (기존) Pair-Merge 방식과 (33b)의 FSQ 방식의 가장 두드러진 차이는 후자의 경우 이동한 요소가 없다는 것이다. 바꿔 말해, (33b)와 같은 FSQ 방식은 (통사부의) 핵 이동을 전제하지 않아도 된다는 장점이 있는 것이다. 뿐만 아니라, (33c)에서 보듯, 동일한 구조 생성 방식을 C와 T의 결합에도 이용할 수 있다는 장점이 있다. 하지만, 마냥 장점만 있는 건 아니다. (33c)의 경우, C와 T 사이는 (R과 v의 사이와 달리) 범주소와 어근의 관계로 보기에 무리가 따르기 때문이다. 뿐만 아니다.

(34) a. {<C, T>, {$_{vP}$ John ... }}

b. {John$_1$, {<C, T>, {$_{vP}$ John ... }}}

c. {<C, T>$_1$, {John$_1$, {<C, T> ... }}}

(34a)에 이어지는 도출에서는 (34b)에서처럼 John이 John$_1$의 자리로 이동할 것인데, C와 T의 작용역(Scope)을 고려한다면,[35] (34c)에서와 같이 <C, T> 또한 John$_1$의 상위로 이동시켜야 할 것이다. 하지만, 그렇게 되면, 또 다른 핵 이동을 남겨두는 꼴이 된다.

깔끔한 해결 방안은 없고 문제점들만 지적하여 뭔가 많이 찝찝하지만, 이쯤에서 핵 이동 및 도출 과정과 관련된 Saito (2012)와 Gallego (2014)를

---

[35] 보문소 C의 작용역은 문장 전체임이 사뭇 분명하나, T의 작용역은 동사에 국한시킬 수도 있을 것이다.

살펴보도록 하자(결론부터 말하자면, 두 분석 또한 통사부로부터의 핵 이동 (완전) 제거에는 별달리 기여하는 바가 없다 하겠다).

(35) a. {V, v}

      b. {{V, v}, IA}

      c. {v, {V, IA}}

      d. {EA, {v, {V, IA}}}

      e. {{T, C}, {EA, {v, {V, IA}}}}

      f. {C, {T, {EA, {v, {V, IA}}}}}

Saito (2012)에서는 외포합(Excorporation)[36]이라는 기제를 이용하는 Shimada (2007)과 Tonoike (2009)의 주장을 각색하여, (35)에서와 같은 도출 과정을 제안하는데, 따르자면, 도출은 우선 국면 핵 v의 도입으로 시작된다. 이어, v의 선택 자질 충족을 위해 V가 도입되고, 둘을 Merge하면, (35a)의 구조가 생성된다. 그 다음, V의 선택 자질 충족을 위해 IA가 도입되어 Merge되면 (35b)의 구조가 생성되고, 이어, (35c)에서와 같이 v가 외포합 된다.[37] 그 다음, 또 다른 국면 핵 C가 도입되어 T를 선택하여 결합하고, 이어, C가 외포합을 하고 나면, 최종적으로 (35f)와 같은 구조가 완성된다. 하지만, Saito의 분석 또한 외포합이라는 다른 이름을 사용할 뿐, 근본적으로는 핵

---

36   핵 이동은 해당 핵이 거쳐 가는 자리의 요소들과 '함께' 이동한다고 보는 것이 통설이다.

   (i) [T-[v-V]] ... [v-V] ... V

   (i)에서와 같이 V가 v로 이동한 후에는 V 또는 v가 단독으로는 이동할 수 없고, [v-V] 의 덩어리로만 이동이 가능하다. 이에, 외포합이란, 그러한 덩어리 이동을 부정하고, 단독으로 이동하는 것을 말한다. 관련하여, Roberts (1991)을 참조하라.

37   외포합된 핵의 Copy에 대해서는 언급이 없다.

이동과 크게 다를 바가 없고, 다만, 도출의 시작이 국면 핵으로부터 비롯된다
는 점은 시시하는 바가 크다 하겠다.

자, 이제, Gallego (2014)가 제안하는 도출 방식을 살펴보자.

(36) a. {EA, {<V, v>, {V, IA}}}

    b. C(=T), {EA, {<V, v>, {V, IA}}}

    c. {EA, {C(=T), {EA {<V, v>, {V, IA}}}}}

    d. {C, {EA, {C(=T), {EA, {<V, v>, {V, IA}}}}}}

사실, Gallego의 도출 과정 자체는 기존의 통설과 크게 다를 바가 없다.
따라서, 이 역시 핵 이동을 통사부에서 제거하고자 하는 취지에는 기여하는
바가 크게 없다 하겠는데, 그럼에도 언급을 하는 이유는 T와 관련된 Gallego
의 재미있는 제안, 즉, (어휘부에) 시제소 T라는 범주는 아예 존재하질 않고,
대신, 관련된 모든 역할을 보문소 C가 담당한다는 것이다. 이 제안에 따르면,
(36a)에서와 같이 의미역 구조가 완성된 후 도입되는 핵은 T가 아니라 C가
된다. 그 결과, 외부 논항 EA가 이동하는 곳 역시, Spec-TP가 아니라, Spec-
CP가 되고, 도출의 최종 단계에서 C는 (36d)에서와 같이 구조상의 최상위
위치로 이동하게 된다.

자, 그러면 이제, Chomsky (2020, 2021a,b), Gallego (2014), 그리고 Saito
(2012)를 적절히 조합하여, (37)과 같은 또 다른 도출 과정을 생각해 보자.
가장 큰 전제는 두 핵의 결합, 즉, V(=R)와 v의 결합과 C와 T의 결합이 모두
'어휘부'에서 발생한다는 것, 바꿔 말해, 핵 단독으로는 도출 과정에 도입될
수 없다는 것이다.[38]

(37) a. <V, v>

   b. {<V, v>, IA}

   c. {EA, {<V, v>, IA}}

   d. {<C, T>, {EA, {<V, v>, IA}}}

   e. {EA$_1$, {<C, T>, {EA, {<V, v>, IA}}}}

   f. {<C, T>$_1$, {EA$_1$, {<C, T>, {EA, {<V, v>, IA}}}}}

<V, v> 구조가 어휘부에서 형성되어 도출 과정에 도입된다는 점을 제외하면, (37a-c)의 여타 도출 과정들은 그리 특이할 게 없다. 그 다음, C와 T의 결합 역시 어휘부에서 형성되어 도출 과정에 도입되고, 기존의 구조와 Merge를 하게 되면, (37d)가 생성된다. 자, 그런데, 이 시점에서 Gallego (2014)와 동일한 문제에 봉착하게 된다. <C, T>를 상위로 올리자니, 핵 이동이 돼 버리고, 그대로 두자니, C와 T의 작용역(Scope)에 문제가 생기는 것이다.

이상, 핵 결합 및 도출 과정과 관련된 조금씩 다른 분석들과 접근법들을 살펴보았는데, 사실, 그 어떤 방식도 통사부로부터 핵 이동을 완전히 배제시킬 수는 없었다. 이에, 가장 걸림돌이 된 요소가 C와 T의 결합(또는 그 이후의 과정)이라 하겠는데, 통사부로부터 핵 이동을 완전히 제거하기 위해서는 반드시 넘어야 할 산이 아닌가 싶다.

---

38 이러한 가정은 범주소와 어근의 결합에서는 어느 정도 설득력이 있겠으나, C와 T의 결합에는 정당화 작업이 필요할 것이다.

제4장

최소 수색

4.1. 최소 수색

앞서 2.4절에서 간략하게 언급했던 최소 수색(Minimal Search; MS)은 Merge 를 포함한 통사부 제반 운용들의 작동 방식 전반을 제어하는 포괄적인 개념 이자 조건으로써, 수색을 최소화하라는 내용을 담고 있다.[1]

    (1) WS = [{X$_3$ ... {X$_2$ ... {X$_1$ ... }}}]

    (1)과 같이 구조상에 동일한 통사체가 중복 출현하고 있는 경우, X를 대상 으로 하는 운용의 수색은 (내포도가 가장 얕은) X$_3$의 발견과 함께 종결된다. 최소주의 관점에서 보자면, 가장 가까이에서 찾아낸 X$_3$를 놔두고, 더 깊이

---

[1] MS를 일러 하나의 독립적인 운용(Operation) 간주하는 글들을 종종 볼 수 있다. 이에, 필자는 MS는 운용들이 준수해야 하는 조건, 혹은, 제약일 뿐, 그 자체가 하나의 운용, 혹은, 기제는 아니라는 입장이다. 생각해 보라. (예를 들어) Labeling Algorithm이라는 '운용'은 'label'을 찾는 운용이다. 그러니, 그 이름 또한 'Labeling' Algorithm인 것이다. 그렇다면, 'Minimal Search'는 과연 '무엇을' 찾는(search) 운용인가? 'Minimal'을 찾는 가? 아니다—MS는 'Minimal'을 찾는 것이 아니라, Minimal '하게' 찾아라, 즉, (모든) Search는 최소한이어야 한다는 조건이요 제약인 것이다.

있는 X₂나 X₁을 찾아나설 이유가 없는 것이다. 뿐만 아니라, X₃와 연쇄쌍을 형성하는 통사체가 (X₁이 아닌) X₂인 것 또한 MS에 이유가 있다. X₃로부터 (더) 가까이에 있는 X₂를 놔두고 굳이 더 멀리 있는 X₁과 연쇄쌍을 형성할 이유도, 필요도 없기 때문이다. MS는 Merge와 연쇄쌍 형성뿐만 아니라, Chomsky (2013, 2015a)에서 제안하는 표찰 알고리즘(Labeling Algorithm; LA) 또한 제어하고 있다.

  (2) {X, {Y, ZP}}

  (ZP의 핵을 논외로 한다면) (2)에는 표찰의 후보가 될 수 있는 핵이 두 개, 즉, X와 Y가 있다. 이 경우, LA가 표찰로 선택하는 핵은 Y가 아닌 X가 되는데, 짐작할 수 있듯이, 두 핵들 중 구조적으로 더 가까이에 있는 핵이 X이기 때문이요, 바꿔 말해, MS에 의거, 가장 먼저 발견되는 요소가 X이기 때문이다.

  자, 그러면, 절을 넘겨, 통사부의 또 다른 작업, AGREE와 관련된 MS를 살펴보도록 하자.

4.2. 최소 수색과 일치

  일치(AGREE)는 90년대 초·중반의 점검(Checking)을 대체하는 기제로 등장하였고, 그 이후부터 비교적 최근에 이르기까지 별다른 반대와 변화 없이 꾸준히 유지되어온 최소주의의 장수 기제들 중 하나라 할 수 있겠는데, 그 작동 방식은 대략 다음과 같다.

(3) [X$_{[u\phi]}$ .... [Y$_{[i\phi]}$]]

X의 [uϕ]와 같이 통사체가 보유한 비해석성 자질을 일러 탐침(Probe)이라 하고, Y의 [iϕ]와 같이 상응하는 해석성 자질을 일러, 목표(Goal)라 한다.[2] 이에, AGREE라는 작업은 탐침을 보유한 통사체가 성분 통어(c-command) 하는 영역을 수색하여 그 안에서 상응하는 목표를 찾아가는 방식으로 진행된 다. 헌데, 탐침의 수색 가능 영역은 관점에 따라 꽤나 깊어 보일 수 있다.

(4) T$_{[u\phi]}$ seems to have been completely destroyed the city$_{[i\phi]}$

선형적으로 말하자면, (4)에서의 수색은 문장 처음에서 문장 끝이다. 따라 서, 꽤나 멀게, 혹은, 깊게 여겨질 수 있는 것이다. 물론, 이와 같이 장거리 수색이 MS를 위반하는 것은 아니다.[3] 하지만, 그럼에도, (4)에서와 같은 AGREE의 수색은 (예를 들어) LA의 수색과 비교하면 뭔가 장거리라는 느낌 을 지우기 힘들다. LA의 수색을 다시 보자.

(5) a. {X, {Y, ZP}}
    b. {{X, WP}, {Y, ZP}}

논의의 편의상, (5a)의 구조를 위에서 아래로 스캔(scanning)하는 것이 LA

---

2 편의상, 비해석성 자질을 지닌 통사체 전체, 혹은, 그 자체—(3)의 경우에는 X와 Y—를 각각 탐침과 목표라 부르기도 한다.

3 아울러, 구문의 구조에 따라 수색 가능 영역은 PIC 등과 같은 다른 조건이나 원리들에 의해 제한될 수도 있다.

의 표찰 수색 방식이라 해 본다면, 그런 LA의 수색은 1단계의 (짧은) 스캔에서 대개 종료된다. 바꿔 말해, (5a)의 경우 LA의 수색은 X의 발견과 함께 종결되고, (5b)와 같이 표찰화에 모호함(ambiguity)이 발생하는 경우에도, LA의 수색은 (내포가 동일한) X와 Y의 발견과 함께 중단된다는 것이다. 1단계 수색에 의해 표찰 결정에 모호함이 발생했다 해서, 더 깊은 수색을 감행하는 것이 아니란 말이다. 그런데, 이러한 LA의 수색을 (4)에서와 같은 AGREE의 수색과 비교해보면, 후자의 경우, (아무리 문제가 없다 할지라도) 뭔가 꽤나 깊은 장거리 수색이라는 느낌이 드는데, 해서, 필자는 아래와 같은 대안을 생각해 본다.

(6) a. **Equal Embedding**

$\{[X_{[i\phi]}, \ Y_{[u\phi]}]\}$

b. $T_{[u\phi]}$ seems to have been completely destroyed $XP_{[i\phi]}$

c. $XP_{[i\phi]}$ [$_{TP}$ $T_{[u\phi]}$ seems to have been completely destroyed

(6a)와 같은 '동일 내포(Equal Embedding; EE)'라는 접합 층위 조건, 혹은, 해석의 형상에 관한 조건을 상정해 보자. 비해석성 자질은 상응하는 해석성 자질과 내포 정도가 동일해야 처리[4]될 수 있다는 조건을 가정해 보자는 것이다.[5] 이런 가정이 타당하다면, [iϕ]-[uϕ]와 같은 형상이 통사부에서 만들어져야 해당 구조가 올바른 해석을 받을 수 있을 것인데, 한 걸음 더 나아가서, AGREE 역시 [iϕ]-[uϕ]와 같은 형상에서만 가능하다고 해보자. 자, 그렇다면, AGREE는 (6b)와 같은 형상에서는 실행될 수가 없다, 오직 (6c)와 같은

4　물론, '처리'의 의미는 명확히 해야 할 것이다.

5　EE에 대한 보다 구체적인 논의는 Murphy and Shim (2020)을 참조하라.

형상에서만 가능하게 된다.

이상 언급한 방향이 구체화될 수 있다면, (6c)와 같은 AGREE의 형상은 LA의 형상과 크게 다를 바 없고, 따라서, 그 수색의 거리 역시 유사할 것이며, 나아가, 기존의 EPP 효과 역시 부분적으로나마 설명할 수 있지 않을까 싶다.[6]

4.3. 최소 수색과 국면침투불가 조건

아래 구조를 보자.

(7) $\{_{vP}$ what$_2$, {John, {<buy$_2$-v>, {buy$_1$, what$_1$}}}}

(7)에서와 같이 하나의 국면, 즉, vP가 완성되고 나면, 국면침투불가 조건(Phase Impenetrability Condition; PIC)이라 불리는 제약에 의해, 국면 핵의 보충어 영역에 속해 있는 통사체, 즉, buy$_1$과 what$_1$은 이후의 통사 운용들[7]으로부터 접근이 차단되는 것으로 간주된다.[8] 이에, PIC라는 제약으로 인해 연산의 대상이 되는 통사체 수가 감소하게 되므로, PIC는 연산적 효율성에 기여하

---

6 생각건대, 이러한 대안의 가장 큰 걸림돌은 장거리 AGREE가 보편적인 허사 구문이 아닐까 싶다. 관련하여 9.8. 또한 참조하라.

7 이후의 '통사 운용'이란 것이 Merge만을 의미하는지, 아니면, AGREE 등을 포함한 '모든' 통사 운용들인지 구체적인 논의가 필요할 것이다.

8 PIC는 대략 아래와 같이 정의될 수 있다.

   After completion of PH = [α [H β]], only α and H remain accessible.

는 조건으로 여겨질 수 있다. 하지만, 연산적 효율에 대한 PIC의 이런 외견상의 기여는 그 작위성과 잉여성으로 인해 빛이 바랜다 하겠다. 우선, 작위성부터 살펴보자.

PIC는 하나의 국면이 완성되고 나면, 해당 국면 핵의 보충어 영역을 차단한다고 했는데, 이에 드는 자연스러운 의문은 '왜 하필이면 보충 영역(뿐)인가' 하는 것이다. 그래야만 하는, 그렇게 되도록 하는 원리는 무엇인가라는 의문을 비껴가기 힘들다는 것이다.[9] 말 그대로, '그렇게 하도록 규정'한 것일 뿐이니, 이는 명백한 작위라 하겠다.

PIC는 잉여성(Redundancy)의 문제도 초래한다(편의상 (7)을 다시 옮긴다).

(8) $\{_{vP}$ what$_2$, $\{$John, $\{$<buy$_2$-v>, $\{$buy$_1$, what$_1\}\}\}\}$

(8)의 vP 국면이 완성되고, 그 이후의 운용이 what을 타겟으로 한다고 해보자. 이에, 해당 운용이 접근할 수 있는 타겟은 what$_2$ 뿐이다. what$_1$은 PIC에 의해 접근이 차단되었기 때문이다. 하지만, what$_1$의 차단은 사실 PIC라는 (작위적인) 조건이 아니더라도, 앞서 논의한 MS만으로도 충분히 가능하다. What$_1$의 내포도가 what$_2$보다 더 깊으니, MS에 의거, 타겟이 될 수 있는 통사체는 what$_2$일 수밖에 없기 때문이다.[10]

이렇듯, 작위적이고 잉여적이기까지 한 PIC의 일들이 연산적 효율성에서 비롯되는 보다 타당한 MS로도 가능한 듯 보이니, 둘 중 하나를 제거하는

---

9 이런 작위성은 Transfer 영역에도 공히 적용된다. 관련하여, 7.2.를 참조하라.

10 물론, MS에 기반한 논의는 what의 이동이 전제되어야 한다. 하지만, what이 vP의 외곽 Spec으로 이동하지 않는다면, PIC 역시도 동일한 문제를 초래한다. What이 vP 외부로 이동할 수 있는 길이 애초에 차단되기 때문이다.

것도 가능할 것인데, 그 제거 대상은 작위성이 강한 PIC가 아닐까 싶다.[11]

4.4. 최소 수색과 성분 통어

Chomsky (forthcoming)에서는 성분 통어(c-command)와 관련하여 아래와 같은 정의를 내리고 있다.

    (9) a. $\{X, Y\}$, Z is a term of Y.

        The (X, Z) relation is c-command; call the structure $\{X,Y\}$ a cc-configuration.

      b. $\{X, \{_Y Z, W\}\}$, X c-commands Z and W.

기존의 통상적인 c-command 정의[12]를 따르자면, $\{X, Y\}$의 경우, 그 안의 X와 Y는 서로가 서로를 c-command 하는 것으로 간주되었다. 하지만, ((9a) 의 $\{X, Y\}$를 좀 더 이해하기 쉽게 표기한) (9b)를 따르자면, X가 c-command 하는 요소는 Y의 term,[13] 즉, Z와 W에 국한된다(이는 X에 대한 Y의 c-command

---

11 하지만, Chomsky의 최근 논의를 들어보면, 연쇄쌍 형성의 문제들과 관련하여 PIC 를 적극적으로 이용하려는 듯하다.

12 Chomsky (1995)의 20주년 기념판인 Chomsky (2015b: 31)에서는 c-command를 다음 과 같이 정의하고 있다.

    α c-commands β if α does not dominate β and every γ that dominates α dominates β.

13 용어 'term'은 흔히 '문법항'이라 번역되는데, 본문에서는 영어를 그대로 사용하겠다. Term의 통상적 정의는 다음과 같다 (Krovichen 2009: 2):

    For any structure K:

에서도 마찬가지다). 말인 즉, X와 Y 사이에는 c-command 관계가 성립하지 않는다는 것인데, (9)의 구조를 아래 (10)과 같이 채워 보면, 뭔가 직관에 부합하지 않는 듯한 느낌이 든다.

(10) $\{v(=X), \{_Y \text{ the, boy}\}\}$

(9)의 정의를 따르자면, (10)의 v는 the와 boy는 각각 c-command 할지라도, {the, boy} 전체는 c-command 하지 않게 되는데, 이러한 상황이 뭔가 반직관적이라는 느낌은 필자에게게만 그런 것일까?

자, 이번에는 원소의 개수가 둘이 아닌 그 이상인 사례를 살펴보자. (아래 (11)과 관련된 논의의 상당 부분은 Hisatsugu Kitahara와 주고받은 개인적 논의들에 기반한다.)

(11) $\{X, Y, Z\} = \{X, \{_Y \text{ K, P}\}, \{_Z \text{ W, L}\}\}$

Chomsky는 (11)과 같은 구조에서는 c-command 관계가 (아예) 성립하지 않는다고 주장한다. 바꿔 말해, X는 K도 P도, W도 L도 c-command 하지 않는다는 것인데, 이 역시 그동안의 통상적 분석과는 상당한 차이를 보인다. 통상적 분석을 따르자면, X, Y, Z는 서로가 서로를 각각 c-command 하는 것으로 간주되지 때문이다.

---

i) K is a term of K;
ii) If L is a term of K, every member of L is also a term of K.

Chomsky (p.c.)는 위 정의와 달리 K는 스스로의 term이 될 수 없다고 주장한다. 해서 따르자면, K 속의 원소(member)들만이 K의 term이 될 수 있다.

자, 기존의 분석과 새로운 분석의 차이점은 잠시 제쳐두고, 새로운 주장의
내면을 좀 더 자세히 들여다 보기로 하자. (11)에서는 대체 왜 c-command
관계가 성립하지 않는다고 하는 것일까? 관련한 Kitahara의 생각은 다음과
같다—{X, Y}의 경우에는 X의 수색 영역이 Y에 국한된다. 바꿔 말해, 자신
의 병합짝(merge-mate) 내부를 수색하는 것이 가장 최소한의 수색, 즉,
Minimal Search라는 것이요, Minimal Search라는 것이 바로 자신의 병합짝
내부를 수색하는 행위라는 것이다.[14] 이렇게 본다면, (11)과 같은 {X, Y, Z}
의 경우에는 X의 병합짝이 하나가 아닌 둘, 즉, Y와 Z가 된다. 이에, Minimal
Search에 혼선이 생기게 되고,[15] 그 결과, c-command 관계가 성립되지 못한
다(는 것이 Kitahara의 제안이다).

자, 그러면 이제, 상기 언급한 Minimal Search의 개념을 3.1.에서 언급한
바 있는 FST에 적용해 보도록 하자. Chomsky에 따르면, 표면적으로 동일한
두 원소 집합 {X, Y}라 할지라도, 그 집합이 Merge의 결과물이냐, 아니면,
FST의 결과물이냐에 따라 그 성질이 다르다고 했다. 이에, Kitahara는 다음
과 같은 제안을 한다—Merge에 의해 생성된 {X, Y}의 경우에는 (9)와 같은
Minimal Search에 기반한 c-command 관계가 성립한다. 하지만, FST에 의
해 생성된 {X, Y}의 경우에는 (아직 그 정체를 알지 못하는) 모종의 제약으로
인해 X는 Y의 내부를 수색하지 못하게 된다는 것이다. 이에, Kitahara는
한 걸음 더 나아가서, 그러한 수색 불가능이 기존의 Pair-Merge를 대체할
수도 있을 것이라 제안한다. 만약 이러한 제안이 성공적으로 구체화 된다면,

---

[14] Minimal Search의 대상과 그에 따른 개념은 운용의 종류에 따라 달라질 수 있다. 본문
의 논의는 FC나 AGREE와 같이 통사체들 간에 관계를 맺어주는 운용들에 국한된다.
[15] 병합짝이 둘 있으니, 그 중에 Y의 내부를 수색해야 할지, Z의 내부를 수색해야 할지,
결정하지 못하는 일종의 모호함(ambiguity)이 발생하는 것이다.

3장에서 언급했던 FSQ의 제거에도 힘을 보탤 수 있을 것이고, 그 결과 구조 생성 기제는 Merge만 남기게 되는 쾌거(?)로까지 이어질지도 모른다.

제5장

동일 통사체와 개별 통사체

5.1. 동일 통사체와 개별 통사체

아래 예들을 보자:

(1) a. $John_2$ hit $John_1$

b. $John_2$ was hit $John_1$

(1a)의 두 John은 동명이인, 즉, 이름이 같을 뿐 서로 다른 인물인데, 이 경우 각각의 John을 일러 개별 통사체(Repetition)[1]라 한다. 반면, (1b)의 두 John은 동일인, 일러, 동일 통사체(Copy)라 한다. 이에, 두 문장의 해석이 제대로 되려면, (1a)의 두 John은 서로 다른 인물로, (1b)의 두 John은 동일 인물로 해석되어야 할 것인데, 관건은 그와 같은 해석이 (정확히) 어떤 메커니즘에 의해 어떻게 이루어지는가 하는 것이다. 관련된 Chomsky (2021a,b)에서의 전략을 살펴보자.

---

1 'Repetition'을 '반복'이라 번역하면, 동일한 요소가 반복해서 등장한다는 오해를 낳을 수 있기에 '개별 통사체'라 의역하였다. 'Copy'를 '동일 통사체'로 번역한 이유도 동일하다.

(2) The interpretive procedure INT, operating at the phase level, [...] One component of INT is a rule FC forming copies. (Chomsky 2021a: 11)

(3) Suppose there is an operation Interpretation(INT), which surveys the current stage of derivation ... and decides what can be done next. (Chomsky 2021b: 21)

(2)에는 'interpretive'라는 단어가 등장하고, 또 (3)에는 'operation'이라는 단어가 등장한다. 거기다 이름까지 INT(erpretation)다. 그러니, 이 INT라는 것을 '해석을 담당/수행하는 운용', 나아가, 기존의 CI를 대체하는 새로운 개념 쯤으로 생각할 수 있을 것인데, 아쉽게도, 모두 오해라 하겠다. Chomsky이 의미하고자 한 INT는 '해석'과 (거의) 무관할 뿐만 아니라, '운용(Operation)'이라 부르기도 뭣한, 단지 설명의 편의를 위해 임시로 사용한 단어에 불과하기 때문이다.[2]

(4) [INT is] just an informal notion for expository purposes. (Chomsky p.c.)

도출 과정에서 하나의 국면이 생성되었다고 해보자. 그러면, 해당 국면 내에서는 이런저런 작업들이 이루어질 것인데, 이에, 그러한 작업들을 관리 감독하는 팀장이 있다고 가정해 보고, 그 팀장을 (편의상) INT라 불러보자는 것이 Chomsky의 취지였다면 취지인 것이다. 지금 여기서는 이 작업, 또 저

---

2 이렇듯, Chomsky의 의도와는 무관한 오해들을 심심찮게 접할 수 있다. 이는 Chomsky의 글을 잘못, 혹은, 제멋대로 (잘라) 이해한데서 비롯되기도 하지만, 또 때로는 Chomsky의 불친절한(?), 혹은, 오해의 소지가 많은 그러한 표현법에서 비롯되기도 한다. 따라서, Chomsky의 진의를 알기 위해서는, 필자가 적어 놓은 이 책의 내용들만을 토대로 이해하는 것이 최악이요, Chomsky에게 직접 문의해 보는 것이 최선이라 하겠다. 문의할 주소는 chomsky@mit.edu.

기서는 저 작업, 이런 식으로 국면 내에서 수행되어야 할 작업들을 결정하고 지시하는 역할을 담당하는 것을 (편의상) INT라 하여 논의를 이어가보자는 것인데,[3] 그런 INT의 관리 감독 하에 있는 여러 작업들 중에 '연쇄쌍 형성 (FORMCOPY; FC)'이라는 운용이 있다.

여느 운용들과 마찬가지로 국면 단계에서 적용되는 FC는 해당 국면 내의 통사체 X에 대해 그 c-command 영역을 대상으로 동일한 통사체의 존재 유무를 수색한다.[4] 수색 과정에서 동일한 통사체를 발견할 경우, 처음 타겟 으로 삼았던 X와 함께 묶어 서로가 서로의 복사본, 바꿔 말해, 동일 통사체 (Copy)라는 관계를 할당하고, 그러한 관계를 편의상 <X, X>로 표기하여 연 쇄쌍(Copy Pair)[5]이라 칭한다.[6] (1a,b)를 대상으로 FC의 작동 방식을 좀 더 구체적으로 살펴보도록 하자(편의상 (1)을 소폭 수정하여 다시 옮겨온다).

(5) a. [$_{vP}$ John$_2$ hit John$_1$] (= 1a)

b. John$_2$ was hit John$_1$ (= 1b)

---

3   관련하여 Chomsky는 다음과 같이 첨언한다:

The system itself determines what can come next at a particular stage of computation. (Chomsky p.c.)

말인 즉, INT는 설명의 편의를 위해 언급한 것일 뿐, 실제로는 system이 알아서 기제들 을 적용시킨다는 것이다.

4   이 또한 4.4절의 (9)에서 언급하는 c-command와 관련된다.

5   이에, 핵 이동이 만약 통사부에서 발생하는 것이라면, 그 또한 FC에 의해 연쇄쌍이 형 성돼야 할 것이다.

6   Chomsky (2021b)의 FORMCOPY(FC), 그리고 그와 관련된 논의들은 Chomsky (1995) 의 Form Chain과 근본적으로 그 결을 같이 한다. 차이점이 있다면, Form Chain은 이동 한 요소들에 국한하여 작동하는 기제인 반면, FC는 외부 병합된 요소들에도 적용될 수 있다는 것이다. 관련하여, Nunes (1995, 2004)도 참조하라.

(5a)에서 John$_2$를 발견한 FC는 그 c-command 영역을 수색하여 동일 통사체의 유무를 조사할 것이다. 이에, John$_1$이 발견될 것인데, 그 결과로 FC는 John$_2$와 John$_1$이 동일[7] 통사체라는 관계를 할당하게 되고, 언급하였듯이, 그러한 관계를 편의상 <John$_2$, John$_1$>로 표기하여 연쇄쌍(Copy Pair)이라 부른다.

자, 그런데, 앞서 언급했듯이, (5a)의 John$_2$와 John$_1$은 사실 동일 통사체(Copy)가 아니다. 말인 즉, 두 John은 각각 개별 통사체로 해석되어야 함에도 불구하고, FC에 의해 마치 동일 통사체인냥 연쇄쌍으로 묶여 버리는 것이다. 왜 이런 생뚱맞은 상황이 발생하는지에 대한 논의는 다음 절로 잠시 미루고, 이어 (5b)를 살펴보도록 하자.

(5b)의 경우에도 마찬가지로, FC는 John$_2$의 c-command 영역을 수색하여, 동일 통사체의 존재 유무를 조사할 것이다. 이에, John$_1$이 발견되고, 그 결과 연쇄쌍 <John$_2$, John$_1$>이 형성된다. 이후, 연쇄쌍 <John$_2$, John$_1$>는 의미 해석부와 음성 해석부로 전달되어,[8] 전자에서는 두 John을 동일 인물로 해석하게 되고, 후자에서는 연쇄쌍의 꼬리에 해당하는 John$_1$을 삭제시켜, 'John

---

7 통사체의 '동일성'에 대해 Chomsky는 '절대적 동일성(absolute identity)'을 언급한다. 하지만, 그 '절대적 동일성'이라는 것의 기준은 상당히 모호하다. 예를 들어, (5a)의 경우, FC가 작동하는 시점에서 John$_1$은 Accusative Case를 보유하고 있지만, John$_2$에는 Case가 없다 (혹은 Case의 값이 정해지지 않았다). 그렇다면, 격(Case) 자질은 동일성 판단에 무관한 자질임을 암시한다. 나아가, 각각의 John이 보유한 의미역(theta role)과 그 지시대상(referent)들 역시 FC의 동일성 판단에는 무관한 자질로 보아야 할 것이다. 하지만, 상황이 이렇게 되면, 'John met Bill'과 같은 구조에서도 <John, Bill>이라는 연쇄쌍이 형성될 것인데, 무언가 직관에 부합하지 않는다. 혹자는 John과 Bill의 서로 다른 음성 자질들을 거론할 수도 있겠으나, 통사부 운용들은 음성 자질을 볼 수 없다는 게 통설이다.

8 이에, '하나'의 연쇄쌍에 대한 정보가 어떻게 '두' 곳의 해석부로 전달되는지 의문이 들 수 있다. 음성 해석부와 의미 해석부는 서로 상이한 자질들을 해석한다는 통설을 고려하면, 두 해석부에서 공히 해석될 수 있는 연쇄쌍 정보는 상당히 특이한 정보라 할 수 있겠다. 관련하여 7장 또한 참조하라.

was hit'이라는 (의도했던) 음성형을 도출하게 된다. 자, 그런데, 이 모든 과정들이 (5a)의 경우와는 달리 별다른 문제가 없다—John$_2$와 John$_1$은 (동명이인이 아닌) 서로가 서로의 복사본, 즉, 동일 통사체이기 때문이다.

5.2. 연쇄쌍과 의미역 이론

앞 절에서 문제가 되었던 (5a)를 다시 보자:

(6) John$_2$ hit John$_1$ (= 5a)

언급하였듯이, (6)의 John$_2$와 John$_1$은 개별 통사체들이다. 바꿔 말해, John$_1$과 John$_2$의 관계는 전자의 이동, 즉, IM으로 인해 맺어진 동일 통사체 (Copy)의 관계가 아니라는 말이다. 하지만, FC는 John$_1$과 John$_2$의 동일성(만)을 바탕으로 연쇄쌍(Copy Pair)으로 묶어 버리기 때문에, 이후의 해석에서 문제가 발생하게 된다 했다.

자, 그렇다면, (6)과 같은 경우에는 John$_1$과 John$_2$를 대상으로 FC가 동일 통사체 관계를 할당하지 못하게끔 한다면, 언급한 문제들이 사뭇 간단히 해결될 것도 같은데, 사실 그렇게 녹록한 문제가 아니다. 앞서 언급했듯이, 연쇄쌍 형성과 관련하여 FC가 고려하는 사항은 적용 시점에서의 두 통사체의 동일성뿐이다. 이에, FC로 하여금 (6)과 같은 상황에서는 연쇄쌍 형성을 하지 않게끔 하려면, (적용 시점의) 통사체 동일성이라는 유일한 기준에 더해 이런 저런 다른 사항들을 FC에 추가해야 하는 부담이 필시 따를 것이다. 아울러, 그와 같은 연산의 복잡함은 '최소주의'의 취지에도 어긋난다.[9]

혹자는 관점을 달리 하여, (6)과 (5b)에 등장하는 각 John들의 의미역에서 해결의 실마리를 찾아보려 할 수도 있을 것이다. 그도 그럴 듯이, (6)의 두 John은 각각이 의미역을 지니고 있지만, (5b)의 John은 John₁만 의미역을 지니고 있다. 아니나 다를까, 아래 기술할 Chomsky (2021a,b)의 접근법 역시 기본적으로는 의미역에서 해결의 실마리를 찾고자 하는 것인데, 구체적으로 살펴보도록 하자.[10]

우선, Chomsky는 다음과 같은 전제를 한다. FC를 포함, (통사부의) 모든 운용들은 자신이 적용되는 시점 이전의 도출 과정에 대해서는 알지 못한다;[11] 오직 적용되는 '그 순간'의 상황만 살필 수 있을 뿐이다. 과거를 알지 못하고, 오직 여기, 지금 상황만을 기준으로 하는 특성을 일러 '마르코프적 속성 (Markovian property)'이라 부르는데, 따라서, Chomsky의 전제인 즉, 통사부의 모든 운용들은 마르코프적이라는 것이다. 자, 그렇다면, (통사부의 운용들 중 하나인) FC 또한 수색 당시의 상황, 즉, 수색 시점에서의 동일성 유무만 고려 할 (수 있을) 뿐이요, 이는 바꿔 말해, (6)의 John₁과 John₂가 '과거'에 어떤 사이였었는지, 무슨 관계로 맺어졌는지에 대해서는 알지 못하고(알 수도 없고), '지금 현 상황'에서의 동일성 유무만을 기준으로 하여 동일 통사체라는

---

9 허나, Chomsky의 최근 생각을 따르자면, PIC를 이용하여 (6)과 같은 구조에서 연쇄쌍 이 형성되는 것을 원천 봉쇄 하고자 하는 듯하다.

10 사실 Chomsky도 Chomsky (2020: 44)에서는 의미역만을 기준으로 개별 통사체와 동일 통사체를 구분하였다.

    If something is in a theta position, it's not a copy [...] If it's in a non-theta position, it's a copy.

    이에, 본문의 이어지는 내용은 위 인용문 내용의 업그레이드 버전으로 볼 수 있을 것이 다.

11 이와 같이 '지금, 여기'만 살피는 특성을 일러, Chomsky는 'Markovian(마르코프적 속 성)'이라는 용어를 차용한다.

관계를 할당한다는 것이다. 그 결과, (각자의 의미역이 어떻든) John₁과 John₂를 연쇄쌍으로 묶어 동일 통사체의 관계를 할당하게 된다. 자, 그러면 뭔가? (6)의 John₁과 John₂를 개별 통사체로 해석되게 할 방법은 애초에 없다는 말인가? 이어지는 Chomsky의 논리를 따라가 보자.

FC에 의해 연쇄쌍이 형성되었다는 그 사실만으로 해당 연쇄쌍을 구성하는 통사체들이 동일 통사체로 해석되는 것이 아니요, 연쇄쌍들의 적격성 여부를 (다시 한 번) 최종적으로 심사하는 검사대를 무사히 통과해야만 비로소 동일 통사체로 해석될 수 있다는 것이 Chomsky의 이어지는 논리인데, 그러한 검사대 역할을 하는 조건을 일러, '의미역 이론(Theta Theory; TT)'이라 한다.[12] 말인 즉, FC에 의해 형성된 연쇄쌍들은 TT라는 최종 검사대를 무사히 통과해야만 그제야 연쇄쌍 속의 통사체들이 동일 통사체로 '확정'된다는 것이다. 자, 그럼 이 TT란 건 또 어떤 내용인지 잠시 살펴보도록 하자.

(7) John₂ hit John₁

두 자리 서술어인 hit은 John₂에게는 행위자(AGENT)역을, John₁에게는 대상(THEME)역을 할당한다. 관련하여, Chomsky는 TT를 다음과 같이 정의한다.[13]

---

12 TT를 일러 Chomsky는 언어 연산-특수 조건(Language-specific Condition; LSC)들 중 하나로 간주한다 (두뇌의 여러 인지체계들 중 언어 능력과 관련되어서만 개입되는 조건이라는 의미에서다). 비유컨대, 형성된 연쇄쌍들은 이 TT라는 검사대를 통과해야만 비로소 '정품' 확정 판결을 받게 되는 것이다. LSC의 또 다른 종류인 '의미의 이원성(Duality of Semantics; DoS)'에 대해서는 5.3.을 참조하라.

13 TT의 정의는 Chomsky (2021a,b) 내에서도 몇 차례 소폭 수정된다. 하지만, 그 안의 세부적인 표현들은 달라도, 핵심 아이디어는 아래와 같이 동일하다:

The intuitive idea behind Theta Theory is the principle of univocality. (Chomsky

(8) A theta assigner cannot assign more than one theta role to a single element (including a pair of copies, necessarily identical). (Chomsky 2021a: 12).

　말인 즉, 의미역을 할당하는 서술어는 하나의 통사체에 하나의 의미역만 할당할 수 있다는 것인데, 연쇄쌍(Copy Pair) 역시 하나의 단일(single) 통사체로 간주된다.

　자, 그러면 이제, (6)에 대해 FC가 형성하는 연쇄쌍 <John₂, John₁>을 TT의 검사대에 올려 보자. John₂는 AGENT를, John₁은 THEME이라는 의미역을 가지고 있다. 그리고 해당 의미역들은 동일한 서술어, 즉, hit으로부터 각각 할당된 것이다. 따라서, 연쇄쌍 <John₂, John₁>은 (8)의 TT를 위반하게 되고, 그 결과, 연쇄쌍 부적합 판정, 즉, FC에 의해 동일 통사체로 간주되어 연쇄쌍이 형성되었다 할지라도, 그 안의 요소들은 동일 통사체일 수 없다는 최종 판결이 내려지는 것이다.[14] 비유컨대, (6)에서 형성된 연쇄쌍 <John₂, John₁>은 일종의 '불량품'인 것이다.[15]

2021a: 12)

말인 즉, 의미역을 받게 되는 통사체, 즉, 논항과 의미역을 할당하는 서술어는 일대일의 관계여야 한다는 것인데, 이는 과거의 Theta Criterion과 크게 다르지 않다.

Theta Criterion (Chomsky 1981: 35)
Each argument bears one and only one theta-role, and each theta-role is assigned to one and only one argument.

14　반대로, John₂ was hit John₁에서 형성되는 연쇄쌍은 TT를 통과하게 된다. 연쇄쌍에 할당된 의미역이 하나뿐이기 때문이다. 그 결과, John₂와 John₁은 동일 통사체라는 해석을 받게 된다.

15　'불량' 연쇄쌍들과 관련된 Chomsky의 언급은 다소 모호하다.

　　(i) 'assigns the copy relation to (SO₁, SO₂). SO₂ then automatically deletes.'
　　　(Chomsky 2021a: 13)
　　(ii) 'Since FC is optional, <SO₁, SO₂> might be eliminated.' (Chomsky 2021b: 28)

자, 이제, 조금 더 복잡한 구조를 대상으로 FC와 그에 따른 연쇄쌍, 그리고 TT의 판정에 대해 살펴보도록 하자(시각적 구분을 위해, 두 John 중 하나는 진하게 표기했다; (9)는 Chomsky 2021b의 (24)이다).

   (9) **John**, John met yesterday

(9)의 두 John은 동명이인, 즉, 개별 통사체다. 그러니, 그렇게 해석되어야 할 것인데, FC와 TT를 통해 과연 그런 결과가 도출될 수 있는지 살펴보자.

   (10) **John₃**, {$_{TP}$ John₂ ... {$_{vP}$ **John₂**, {$_{vP}$ John₁, {meet, **John₁**}}}}

(10)에 대해 FC가 형성하는 각 연쇄쌍들은 다음과 같을 것이다.

   (11) <**John₃**, John₂>, <John₂, **John₂**>, <**John₂**, John₁>, <John₁, **John₁**>

위 연쇄쌍들 중 마지막의 <John₁, **John₁**>에는 동일 서술어 meet으로부터 할당된 두 개의 의미역이 있으므로, TT에 의해 (결국) 불량품 판정을 받게 될 것이다. 따라서, 비록 연쇄쌍은 형성되었을지라도, 그 (최종) 해석에는 별 문제가 없다. 하지만, 그 외의 나머지 연쇄쌍들은 모두 나름의 나름의 문제를 가지고 있는 불량품들인데, 그 중에 Chomsky는 연쇄쌍 <John₂, **John₂**>에 주목한다. **John₂**는 vP의 외곽 Spec, 즉, 비논항 자리(A'-position)에 있는 반면,

---

(i)에 의하면, 불량 판정을 받을 연쇄쌍이라 할지라도 일단 형성은 된다는 입장이요, (ii)를 따르자면, 불량 연쇄쌍은 (애초에) 형성하지 않는 그러한 도출이 최적의 도출이라는 입장이다.

John$_2$는 Spec-TP, 즉, 논항 자리(A-position)에 있다. 소위, 부적합 이동 (Improper Movement)으로 간주되어온 그런 불량 연쇄쌍인 것이다.[16] 관련된 Chomsky (2021b: 28)의 언급을 보자.

(12) From an A-position, FC searches A-positions.

(12)를 통해 Chomsky는 A-movement와 A'-movement를 분리시키고자 하는데, 관련 논의를 이어가려면, 그 전에 자리(Position)에 대한 이야기가 필요하다.

통사 구조상의 자리들은 두 종류, 즉, 논항 자리(A-position)와 비논항 자리 (A'-position)로 흔히 구분된다. 자, 그럼, 어떤 자리가 논항 자리이고, 또 어떤 자리가 비논항 자리일까? 관련된 그 동안의 논의는 대략 다음과 같다.

(13) a. [$_{vP}$ John collect stamps]
b. [what$_2$ C [... [$_{vP}$ John collect what$_1$]]]

(13a)의 John과 stamps, 그리고, (13b)의 John과 what$_1$은 서술어 collect를 통해 문장을 구성하기 위해 반드시 필요한 요소, 일러, collect가 취하는 '논항(Argument)'이라 하고, 이 논항들에는 서술어 collect로부터 의미역이 할당된다고 간주되었다. 외부 논항(External Argument; EA)에 해당하는 John에게는 (collect로부터) AGENT라는 의미역이, 그리고, 내부 논항(Internal Argument;

---

16 참고로, (10)에 대해 우리가 희망하는 연쇄쌍은 다음과 같을 것이다.

<**John$_3$, John$_2$**>, <**John$_2$, John$_1$**>, <John$_2$, John$_1$>

IA)이라 불리는 stamps와 what₁에는 각각 THEME이라는 의미역이 할당되는 것이다. 이에, 의미역이 할당되는 각 자리들을 일러 논항 자리(A-position)라 하고, 그 외의 자리들을 비논항 자리(A'-position)라 하는 것은 사뭇 자연스러운 구분일 것인데, 아쉽게도 이런 자연스러움을 방해하는 훼방꾼이 하나 있다(논의의 편의를 위해, what1의 Spec-vP로의 이동은 (14)에서 생략했다).

(14) [$_{CP}$ what₂ C did [$_{TP}$ John₂ T [John₁ buy what₁]

(14)는 John₁과 what₁이 각각 Spec-TP와 Spec-CP로 이동을 한 구조이다. 그런데, 각 이동을 살펴보면 뭔가 조금 다른 성질을 가지고 있음을 알 수 있다. (아래 (15)에서 John₁의 Spec-T(to)로의 이동은 생략한다; 이하, Spec-T(to)는 Spec-to로 표기한다.)

(15) a. what₂ does John₂ seem [$_{TP}$ to John₁ like what₁]
　　 b. who₂ do you think [$_{TP}$ who₁ likes sushi]
　　 c. *John₂ seems (that) [$_{TP}$ John₁ likes sushi]

(15a)의 John₁과 what₁은 모두 '비시제절(non-finite)'을 벗어나 그 밖으로 이동해 있다. 하지만, (15b,c)에서 알 수 있듯이, 해당 절이 '시제절(finite)'일 경우에는 그 밖으로의 이동은 who₁의 경우에는 가능하지만, John₁은 불가능하다. 이는 곧 두 이동의 성질이 다른 것을 암시하고, 따라서, 각각의 이동은 구분지어 서로 다른 이름으로 불러왔다. John과 같은 일반 명사구의 이동은 논항 자리를 타겟으로 하는 논항 이동(A-movement)이라 했고, what과 같이 작용역(scope)을 가져야 하는 운용소, 혹은, 연산자(Operator)의 이동은 비논항

자리를 타겟으로 하는 비논항 이동(A'-movement)이라 불러 온 것이다. 그런데, 나름 명료하고 깔끔해 보이는 이동의 종류와 그 자리에 대한 이러한 구분에는 Spec-TP라는 걸림돌이 등장한다.

언급하였듯이, 논항 자리는 (AGENT나 THEME 같은) '의미역'이 할당되는 자리로 정하였다. 이에, 논항 이동의 착지점이 되는 Spec-TP는 (당연히) 논항 자리여야 할 것이고, 그렇다면, Spec-TP 또한 의미역이 할당되는 자리여야 할 것인데, 실상은 그렇지가 않다. 의미역은 의미역 할당자가 속한 가장 국부적인(local) 형상에서 할당되는 것으로써, 그 영역이 vP/VP 내부에 국한되는 것으로 간주되기 때문이다.

자, 그럼 이제, Spec-TP로 인해 발생하는 이 불편하고 얄궂은 상황을 Chomsky는 과연 어떻게 비껴가는지 그 논의를 따라가 보도록 하자. 우선, Chomsky (2021a,b)에서는 아래와 같은 의미역-연결(theta-linking)이라는 개념을 제안한다.

(16) X is theta-linked to a theta position if a copy of X occupies a theta position.

말인 즉, 통사체 X의 복사본(Copy)이 의미역이 할당되는 자리에 있다면, X 또한 그 복사본에 할당된 의미역에 연결(theta-link)된다는 것이다.[17] 자, 그럼, 이러한 의미역-연결의 개념을 (17)에 적용시켜 보도록 하자.

---

17 굳이 따져보자면, '의미역-연결 된다'는 것이 해당 요소가 의미역을 '보유'하게 되는 것인지, 아니면, 그 의미역에 단순히 연결'만' 된 것인지, 이 둘이 과연 무슨 차이인지와 관련된 의문들이 들 수 있다. 이런 의문을 갖게 해 준 이경미 선생님께 감사드린다.

(17) [$_{TP}$ John$_2$ [$_{vP}$ John$_1$ likes sushi]]

Spec-TP에 있는 John$_2$의 복사본(Copy)은 John$_1$이고, 그 John$_1$은 의미역이 할당되는 자리에 있다. 따라서, (16)을 따르자면, John$_2$는 John$_1$에 의미역-연결이 된 것이다.[18] 자, 그렇다면, 의미역-연결이라는 개념을 통해, '논항 자리는 의미역이 할당되는 자리'라는 명제의 걸림돌이었던 Spec-TP와 관련된 문제가 해결되는 것일까? 애매하다. (18)을 보자.

(18) [$_{CP}$ what$_3$ ... [$_{vP}$ what$_2$ [$_{vP}$ John likes what$_1$]]]

언급하였듯이, what과 같은 운용소의 이동은 비논항 이동의 전형적인 사례로 간주된다. 그렇다면, 비논항이 거쳐 가는 자리, 즉, vP의 외곽 Spec과 Spec-CP 자리는 (당연지사) 비논항 자리여야 할 것이고, 또 그렇게 간주되어 왔었다. 하지만, (16)의 의미역-연결을 도입하게 되면, 문제가 복잡해진다. What$_2$의 복사본은 what$_1$이고, 따라서 what$_2$는 what$_1$에 의미역-연결이 되었다 할 수 있다. 그렇다면 뭔가? vP의 외곽 Spec도 논항 자리란 말인가? What$_3$를 고려하면, 문제는 더 복잡해진다. What$_3$와 what$_2$는 서로가 서로의 복사본이요, what$_2$는 what$_1$에 의미역-연결이 돼있다 했다. 그렇다면, what$_3$의 상태는 어떨까? What$_3$ 또한 의미역-연결이 되어 있는 것일까? 그렇게밖에 볼 수 없을 것이다.[19] 그러면 뭔가? John과 같은 명사구든, what과 같은 운용소든, 각 이동이 거쳐 가는 자리들은 모두 의미역-연결이 된 자리가 될

---

[18] Chomsky (2021a)에 따르면, theta-linking은 재귀적(reflexive)이기 때문에, (17)의 John$_1$ 또한 theta-linking이 된다고 간주한다; 서로가 서로에게 의미역-연결된 것이다.

[19] 관련된 Chomsky의 언급은 예문 (22)와 관련된 논의를 참조하라.

것이고, 그 결과, 그 모든 자리들이 논항 자리가 돼버리고 마는 결과가 초래
된다. 빈대 잡으려다 초가삼간을 태우는 형국이 연출된다고나 할까?[20]

위와 같은 문제들이 있어서인지, 어째선지, Chomsky는 다음과 같은 논의
를 추가한다.[21] Spec-TP에도 AGENT/THEME과 같은 전형적인 의미역(theta-role)은 아닐지라도, '서술 논항역(argument role)'이라 불리는 모종의 의미 역
할(semantic role)이 할당된다는 것이다.[22]

> (19) Independently of theta-linking, [John$_2$ in (17)] has a semantic role, [...]
> the role of argument of predication. (Chomsky 2021b: 26)

기존의 의미역(theta role)에 (19)의 내용을 추가하면, 구조상의 두 자리,
즉, 논항 자리와 비논항 자리는 (20)과 같이 정의될 수 있을 것이다.

> (20) A-positions are theta- or[23] argument role related;[24] A-bar positions are

---

20 마치 두더지 잡기 게임처럼, 문제 하나를 해결하면, 새로운 문제가 곧잘 등장한다. 심지
어는 (그동안) 문제가 되지 않은 것들이 문제가 돼 버리는 상황까지 초래되는데, 이는
학문이란 것의 지극히 정상적인 모습이라 하겠다.

21 참고로, 최근 들어 Chomsky는 이 theta-linking이라는 개념을 (완전) 제거하는 방안을
모색 중인 듯하다.

22 일찍이 Chomsky (1995)에서도 동일한 주장이 있었다. 참고로, Spec-TP에 할당되는 의
미 역할(Semantic Role)은 '주제(Topic)'와 유사하다. 관련하여, Williams (1980)을 참조
하라.

23 (20)과 같이, 정의 속에 'or'가 들어있다면, 그건 뭔가 잘못되거나 부족함을 알리는 적신
호라 하겠다.

24 Chomsky (forthcoming)에서는 한 걸음 더 나아가 다음과 같이 말하고 있다.

[...] secondary semantic A-positions of surface subject and raised object, along with
A'-positions.

말인 즉, 기존의 의미역 자리 외에, 사실상 구조상의 모든 자리에 모종의 의미역할이

elsewhere.

(20)에 따르면, 논항 자리란 전통적인 의미역이 할당되는 자리들과 서술 논항역이 할당되는 Spec-TP를 일컫고, 그 외의 다른 모든 자리들은 비논항 자리가 된다. 필자의 견해로는 (20)과 같은 정의를 통해 꺼림칙한 문제들을 초래했던 theta-linking이라는 개념을 제거할 수 있을 듯한데, Chomsky (2021a: 14)에서는 다소 의아한 주장을 하고 있다.

(21) A-positions are theta-linked; A-bar positions are non-theta-linked non-arguments.

(18)을 통해 살펴보았듯이, (16)과 같이 정의된 theta-linking을 도입하게 되면, 사실상 구조상의 모든 자리들이 의미역에 연결되고, 그 결과 모든 자리가 논항 자리가 돼버린다. 나아가, Chomsky (2021a,b)에서 언급되는 아래 (22) 역시 (불필요한) 많은 문제들을 초래하게 된다.

(22) a. Bill, John met yesterday

b. X_3, {John$_2$, {X_2, {John$_1$, {meet X_1 yesterday}}}} (X = Bill)

(22a)의 상세 구조에 해당하는 (22b)의 경우, John$_1$과 John$_2$는 서로 theta-link가 되어 있다. 그러니, (21)을 따르자면, 둘 모두 논항 자리에 있는 것이고, 이는 우리의 직관과 기존의 분석에도 부합한다. 하지만, 문제는 X. (22b)에 대해 Chomsky는 모든 X가 theta-link 되었다고 말하는데("boldface for

---

할당된다는 것이다.

copies linked to object theta role"), 이를 (21)에 비추어 해석하면, 모든 **X**가 논항 자리에 있는 형국이 돼 버리고, 그 결과 이동한 요소가 등장하는 구조상의 '모든' 자리들을 사실상 논항 자리로 보아야 하는 요상한 결과가 초래된다. 이는, 우리의 직관과도, 기존의 분석과도 분명 상이한 결과라 하겠다.[25]

이런저런 의문들이 많이 남아 있지만, 상기 언급한 문제들은 누군가의 연구 과제로 남기고, 우리는 (10)의 연쇄쌍들로 다시 돌아가 보자(편의상 (12)와 (11)도 함께 옮겨온다).

(23=12) From an A-position, FC searches A-positions.

(24=10) **John$_3$**, John$_2$ ... {$_{vP}$ **John$_2$**, {John$_1$, {meet **John$_1$**}}}

(25=11) a. <**John$_3$**, John$_2$>

b. <John$_2$, **John$_2$**>

c. <**John$_2$**, John$_1$>

d. <John$_1$, **John$_1$**>

논의의 편의를 위해 Spec-TP와 각각의 의미역이 할당되는 자리, 즉, 외부 논항과 내부 논항이 EM되는 자리를 논항 자리라 하고, 그 외의 자리들은 비논항 자리로 간주해 보자. 자, 그렇다면, (23)에 의거, (20)의 John$_2$로부터 수색이 가능한 요소는 John$_1$뿐이니, (25b)의 연쇄쌍 <John$_2$, **John$_2$**>는 애초에 형성될 수가 없다. 앞서 언급했던 부적격 이동은 이렇게 걸러지게 된다.

---

25 이런 이유에서인지 어째서인지, Chomsky (2021a,b)에서는 이어 다음과 같이 언급하고 있다.

(i) A-positions provide the basis for core semantics: theta- and argument-positions. A-bar structures are discourse- and information-related.

(i)은 (20)과 근본적으로 크게 다를 바 없다.

자, 그럼, 남은 연쇄쌍들 중 (25d)의 <John₁, **John₁**>를 먼저 살펴보자. (23)을 준수하므로 형성에는 문제가 없지만, 차후 TT를 위배하게 됨으로써 결국 부적격 연쇄쌍 판정을 받게 된다. 자, 이제 남은 연쇄쌍은 비논항 자리에 있는 **John₃**와 **John₂**에 의해 형성된 각각의 연쇄쌍, 즉, (25a)의 <**John₃**, John₂>와 (25c)의 <**John₂**, John₁> 둘 뿐이다. 이 역시 걸러내야 하는데, 과연 그럴 수 있을까?

애석하게도, (23)을 통해 (25a)와 (25c)를 걸러내는 것은 불가능하지 싶다. 엄밀히 말하자면, (23)은 비논항 자리로부터의 FC 수색에 대해서는 아무런 말도 하고 있지 않기 때문이다.[26] [27]

이런 저런 모호함과 의문들이 수두룩하지만, (23)과 같은 제안을 하는 그 취지만큼은 나름 분명하다. 논항 이동과 비논항 이동을 구분하여 분리 (segregate)하려는 것이다. 해서, Chomsky는 다음과 같이 논의를 이어간다(이

---

[26] 관련된 Chomsky의 언급은 아래와 같다:

The property of FC says nothing about FC from A'-positions. (Chomsky p.c.)

이에, 엄밀히 따지자면, (23)이 A-position으로부터의 FC 수색에 대해 하고 있는 말 역시도 꽤나 모호하다 하겠다. A-position으로부터는 A-position들'만' 수색할 수 있다. 즉, From an A-position, FC must (or can only) search A-positions'도' 아니고, '수색한다 (searches)'라고만 기술하고 있기 때문이다. 따라서, A-position으로부터 A'-position 대한 수색이 불가능한 것인지 아닌지 모호할 수 있다는 것이다.

[27] 이에, 아래와 같은 추가 사항을 생각해 볼 수도 있을 것이다:

(i) From an A'-position, FC searches A'-positions.

하지만, (i)은 아래 (ii)와 같은 구조에서 (비논항 자리에 있는) what₂와 (논항 자리에 있는) what₁ 사이의 연쇄쌍 형성을 차단하게 된다:

(ii) what₃ ... {vP what₂ {John bought what₁}}

관련하여, Chomsky는 다음과 같이 언급한다:

First move to an A'-position may be exempt from many of the marks of successive-cyclic A'-movement. (Chomsky p.c.)

하, 용어로 인한 불필요한 혼돈을 막기 위해, (비)논항 이동은 'A(')-movement'로 non-argument position은 '비논항역 자리'라 적겠다). (26)을 보자.

> (26) A-bar movement is always to the edge of a phase, a non-argument and non-theta position. ... A-movement must be "one fell swoop." If it were successive-cyclic, the intermediate positions would be anomalous, non-argument/non-theta A-positions. (Chomsky 2021b: 29)

말인 즉, A'-movement는 (언제나) 외곽 Spec-vP와 Spec-CP와 같은 국면의 가장 자리(edge)를 거쳐 이동하며, 그 자리들은 비논항역[28]/비의미역 자리다. 이어, A-movement는 연속 순환적(successive-cyclic)이 아니라, 직방(one-fell swoop)이어야 한다고 주장하는데, 그 이유는 다음과 같다.

A-movement가 거쳐 가는 자리라면, (당연하게도) 논항 자리로 간주되어야 할 것, 바꿔 말해, (연속 순환적 이동 하에) 비시제절 T의 Spec 자리, 즉, Spec-to 는 논항 자리여야 할 것이다. 하지만, Spec-to 자리는 전형적인 의미역(theta role)이 할당되는 자리도 아니요, (시제절 Spec-TP와 달리) 논항역(argument role)과 같은 의미 역할(semantic role)이 할당되는 자리도 아니다. 따라서, 비논항역(non-argument) 자리이자 비의미역(non-theta) 자리인 셈인데, (26)에서 언급하듯, 그와 같은 비논항역/비의미역 자리는 A'-movement의 (비유컨대) 전용 주·정차 구역이다; 그런 자리가 A-movement에서도 주·정차 구역 역할을 한다면 모순이 생기기 때문이다.[29]

---

28 앞서 언급하였듯이, 'non-argument'의 '논항(argument)'이라는 용어는 (주어나 목적어와 같이) 서술어로부터 의미역을 할당받는 요소를 일컫는 것이 아니라, Spec-TP에 할당되는 의미 역할(semantic role)을 받는 요소를 일컫는다. 관련하여, 각주 22 또한 참조하라.

자, 지금까지의 논의들만 놓고 본다면, A-movement가 직방이라는 주장이 이래저래 설득력이 있어 보이는데, 그럼에도, 연속 순환적 A-movement를 가정해야 설명이 용이한 그런 자료들이 있다(이하, Chomsky (2021b: 29-30)의 논의에 기반한다).

(27) a. John seems to X [to appear to Z [P to like Q]]

    b. *John seems to her$_i$ [Y to appear to Mary$_i$ ...]

    c. *John seems to Mary$_i$ [Y to appear to herself$_i$ ...]

(27b)에서와 같이 X = her 일 경우에는 Z 자리를 차지하고 있는 Mary는 her에 의해 결속(bind)될 수 없다. Mary와 같은 '지시 표현(R-expression)'은 '어떤 형상에서도 절대 결속되어서는 안 된다'는 결속 조건(Binding Condition) C를 위배하기 때문인데, 이에, her이 Mary를 c-command 한다고 가정하면 그 비문법성이 설명될 수 있다.[30] 헌데, (27c)를 고려하면 상황이 좀 묘해진다. (27b)에서의 결론을 따르자면, (27c)의 Mary 역시 herself를 결속하는 상황이고, 따라서, (재귀 대명사의 분포와 관련된) 결속 조건 A를 위반하지 않으니, 문장의 문법성에 문제가 없어야 할 것인데, 보다시피, (27c)는 비문이다. 이는

---

[29] Chomsky (2021a: 12)에서는 (26)을 아래와 같이 적고 있다:

    (i) If A-movement were successive-cyclic, the intermediate positions would not satisfy (ii).

    (ii) A-positions are theta-linked (and are sometimes arguments of predication); A-bar positions are non-theta-linked non-arguments.

[30] '결속(bind)'의 정의 속에 c-command가 포함돼 있다.

    X binds Y iff

    (i) X and Y are co-indexed and

    (ii) X c-commands Y

곧, (27c)의 경우, herself가 Mary에 의해 결속될 수 없음, 즉, c-command 되지 않음을 의미한다. 딜레마다. 동일한 형상임에도 불구하고, (27b)에서는 X가 Z를 c-command 한다고 말해야 하고, (27c)에서는 c-command 하지 못한다 혹은 않는다고 말해야 하는 남감한 상황이 연출되기 때문인데, 이에, 아래 (28)에서와 같이, John의 연속 순환적 이동을 가정하면, 그 난감함을 비껴갈 수 있다.

(28) $John_2$ seems to Mary [$John_1$(=Y) to appear to himself $John_0$ to like ...]

John이 연속 순환적으로 이동하여 Spec-to 자리를 들렸다 간다, 즉, (27b,c)의 Y 자리에 John의 복사본이 있다고 가정한다면, (28)의 문법성뿐만 아니라, (27c)의 비문법성도 c-command에 대한 모순 없이 공히 설명이 되는 것이다. (28)은 Spec-to의 $John_1$으로 인해 himself에 대한 결속이 가능하게 되고, (27c) 역시 그렇게 중간에 끼인 $John_1$으로 인해, Mary와 herself의 결속이 차단될 수 있기 때문이다.[31] 고로, (27)/(28)에서와 같은 자료들은 John의 이동과 같은 A-movement가 (Spec-to를 거쳐 가는) 연속 순환적이어야 함을 보여주는 강력한 증거가 되어왔다.

자, 그렇다면, 논항 이동의 연속 순환성을 부정하고 직방을 주장하는 Chomsky (2021a,b) 틀에서는 (27)/(28)과 같은 자료들을 어떻게 다루어야 할까? Chomsky의 제안은 대략 (29)와 같다.

---

31 (27b)의 비문법성은 애초에 결속 조건 C만으로도 가능하다.

(29) John$_2$ seems [to appear [to John$_1$ like himself]]

          \   \

     to her/Mary   to Z

(27b)와 (27c)에서 각각 문제의 원흉이었던 to her과 to Mary를 (29)에서와 같이 Pair-Merge된 부가어로 간주함으로써, 통사부에서 비가시적인 요소로 만들어 버리는 것이다. 이렇게 본다면, (27c)는 Mary의 통사적 비가시성으로 인해 herself를 결속할 수 없게 되어 비문이 되는 것이라고 말할 수 있고, (28)의 경우에는 Spec-to 자리로의 John의 이동을 (굳이) 가정하지 않더라도, 모문의 Spec-TP에 있는 John$_2$ 의해 결속이 가능해진다.[32] 요인 즉, (27b)의 her$_i$-Mary$_i$와 (27c)의 Mary$_i$-herself$_i$의 결속 관계 맺음을 두 요소 사이에 John을 둠으로써 차단시키는 것이 아니라, 각각 her과 Mary를 보이지 않게 만듦으로써 그 딜레마를 비껴가고자 하는 것이다.

자, 이제, 직방 이동 분석과 관련된 다른 종류의 문제점을 하나 살펴보고, 이 절을 마무리 하도록 하자.

(30) {$_{TP}$ John$_2$, {seems, {$_Y$ to have been seduced John$_1$}}} (by Mary)

John$_1$은 Spec-to를 들리지 않고 Spec-TP 자리로 곧바로 이동할 것이다. 하지만, John의 이동이 이렇게 직방이 돼버리면, 통사체 ɣ의 표찰화(labeling) 문제는 여전히 미궁이 되고 만다. 그도 그럴 듯이, Chomsky (2015a)의 주장에 의하면, T는 자신의 Spec 자리에 자신의 ϕ-자질과 일치하는 ϕ-자질을

---

[32] 하지만, 이러한 분석이 (28)에서 통사적으로 비가시적인 to himself에 대한 결속이 어떻게 설명될 수 있는지는 의문이다.

가진 통사체 외현적으로 등장하지 않을 경우에는, (스스로) 표찰 기능을 할 수 없는 약한(weak) 핵으로 간주된다. 이에, Chomsky (2015a)의 체계 내에서는 Spec-to 자리에 John의 Copy라도 있었지만,[33] 현재 틀에서는 그마저도 없다. 이는 어쩌면, 'T는 표찰 기능을 할 수 없는 약한 핵이다'라는 전제를 전면적으로 재고해야 함을 암시하는 지도 모른다.

정리하자. A-movement와 관련된 논의의 전개는 다소 애매하고, 많이 복잡하게 보일 수 있겠지만, 그 취지만큼은 앞서 말한 바대로 사뭇 분명하다. A-movement와 A'-movement를 분리하려는 것이다. 자, 이제 절을 바꾸어, 다르지만, 또 한편으로는 밀접하다 할 수 있는 논의들을 살펴보도록 하자.

5.3. PRO, M-gap, 그리고 의미의 이원성

아래 구조를 보자:

(31) a. John tried to escape

b. John$_i$ tried [$_{CP}$ PRO$_i$ to escape]

(31a)는 통상적으로 (31b)와 같은 구조를 가정하여 분석해 왔다. 서술어 try의 주어 자리에는 John이 EM되는 반면, escape의 주어 자리에는 PRO라는 대명사를 상정하여 EM 된다는 것이 그동안의 통설이었던 것이다.[34] 하지

---

33 그 자리에 John의 Copy가 있다 하더라도, 표찰화 문제의 해결에는 사실 아무런 도움이 되지 않는다. Chomsky (2015a) 틀 내에서 Copy는 표찰화에 비가시적인 요소이기 때문이다. 관련하여, Shim (2018)과 Murphy and Shim (2020)을 참조하라.

만 Chomsky (2021a,b)에서는 기존의 분석에 대해 다음과 같은 대안적 구조를 제안하고 있다.

(32) John$_2$ tried [John$_1$ to escape]

PRO를 없애고, 그 자리에 John$_1$이 등장하는 (32)와 같은 구조가 만약 (더욱) 타당하다면야 거부할 이유가 없다. PRO와 같은 (다소) 작위적인 요소를 상정하지 않아도 되고, 그 결과, PRO의 분포만을 담당하는 통제 이론(Control Theory)이라는 모듈을 이론 틀에서 제거할 수 있기 때문이다. 자, 그럼, (32)와 같은 구조를 정당화 하는 Chomsky의 논의를 따라가 보도록 하자.

FC는 (32)를 수색하여 두 John에 대해 연쇄쌍 <John$_2$, John$_1$>을 형성할 것이며,[35] 이후 해당 연쇄쌍은 TT의 검색대에 올려져 적합성 여부 판결을 받게 될 것이다(논의의 편의를 위해, theta-link를 이용하여 수정한 TT를 옮겨온다).

(33) Theta assigner T assigns one and only one theta role to elements theta-linked to P(T) [P(T) = a structural position where a theta-role is assigned]. (Chomsky 2021b: 26).

---

[34] 엄밀히 말하자면, A-movement의 연속 순환적 이동을 가정할 경우, (31b)의 PRO는 [to PRO escape]에서 Spec-to 자리로 이동했다고 봐야 할 것이다. 아울러, A-movement가 직방이라는 제안을 수용한다면, (32) 또한 [to John$_1$ escape]의 구조로 보아야 할 것이다.

[35] 연쇄쌍 형성이 가능하다는 말은 [John$_1$ to escape]의 구조를 기존의 분석과 달리 CP로 간주하지 않는다는 것이다. 해당 구조를 (기존의 분석에서처럼) CP로 보았다면, Transfer/PIC로 인해 John$_2$와 John$_1$은 서로 연쇄쌍을 형성할 수 없기 때문이다. 이는 기존의 제거성 전이(Eliminative Transfer)가 아닌 차단성 전이(Closing-off Transfer)의 경우에도 마찬가지다. 관련하여, Chomsky et al. (2019)와 Shim (2022)를 참조하라.

(32)의 John₂와 John₁은 각자의 의미역을 보유하고 있다. 해서, 일견 (33)의 TT를 위반하는 부적합 연쇄쌍 같아 보이지만, 자세히 들여다보면 상황이 좀 다르다는 것을 알 수 있다. 그도 그럴 듯이, (32)의 John₂와 John₁이 보유한 각각의 의미역은 동일 서술어로부터가 아닌 각기 다른 서술어, 즉, try와 escape로부터 각각 할당된 것이다. 따라서, <John₂, John₁>은 TT의 검사를 무사히 통과하는 적법한 연쇄쌍이 된다.[36] 그런데, 뭔가 석연치 않은 부분이 있다.

    (34) a. John₂ hit John₁

          b. John₂ was hit John₁

앞서 살펴보았듯이, (34a)와 (34b)에서 형성되는 연쇄쌍들 중, (TT에 의해) 적법 판결이 내려지는 연쇄쌍은 (34b)의 <John₂, John₁>이요, 이에, '적법한 연쇄쌍'이라는 말은 곧, 두 요소가 IM으로 맺어진 관계임을 의미한다. 그렇다면, (32) = John₂ tried [John₁ to escape]에서 형성되는 연쇄쌍 <John₂, John₁> 역시 TT 검사의 적합 판정을 받았으니, IM으로 맺어진 관계라고 유추할 수 있을 것인데, 이러한 유추는 아래 (35)의 의미의 이원성[37]을 위배한다.

---

36 하나의 연쇄쌍에 두 개의 의미역이 할당되는 또 다른 사례가 있다.

    (i) the house₂ was painted [the house₁ yellow]

    (i)의 연쇄쌍 <the house₂, the house₁>에는 서술어 paint와 yellow에 의해 할당된 두 개의 의미역이 있다.

37 Chomsky는 '의미의 이원성(Duality of Semantics)'을 TT와 더불어 또 하나의 언어 연산-특수 조건(Language-specific Condition)으로 간주한다.

(35) **Duality of Semantics (DoS)**

EM is associated with theta roles and IM with discourse/information-related functions. (Chomsky 2021b: 17)

EM은 의미역(theta-role)과 관련되는 반면, IM은 담화/정보 구조와 관련된다. 바꿔 말해, (EM에 더해 굳이) IM이라는 것이 추가적으로 존재하는 이유, 존재할 수밖에 없는 이유가 바로 EM(만)으로는 생성이 불가능한 담화/정보와 관련된 구조들을 생성하기 위함이라는 것이다.[38] 그도 그럴 듯이, (34b)의 John을 보더라도, hit의 보충어 자리에 EM 됨으로써 THEME이라는 의미역(theta-role)을 할당받게 되고, 이어 Spec-TP로 IM 함으로써 서술 논항역(argument role)[39]이라는 담화/정보 구조적 의미를 (추가로) 획득하게 된다.[40] 하지만 (32=36)의 두 John은 각각이 의미역(theta-role)이 할당되는 자리에 있으니, DoS에 따라, 각자가 EM된 것으로 봐야 할 것이다. 정리해 보자.

(36) $John_2$ tried [$John_1$ to escape]

(36)에서 FC에 의해 형성되는 연쇄쌍 <$John_2$, $John_1$>은 TT를 준수하여 적법한 연쇄쌍으로 판정된다. 말인 즉, 두 John은 'IM'으로 맺어진 서로의

---

38 그 반대, 즉, EM의 존재 이유는 IM만으로는 불가능한 의미역 구조를 생성하기 위함이라고도 볼 수 있을 것이다.

39 각주 22에서도 언급하였듯이, '서술 논항역'이란 주제(Topic)와 유사한데, 관련하여 Chomsky (2021a: 13)에서는 다음과 같이 언급한다.

[The element in Spec-TP] has a semantic role, the most venerable of them all, the role of argument of predication.

40 물론, 이러한 서술에 논란의 여지가 없는 것은 아니다.

복사본으로 판정된다는 것이다. 하지만, 동일한 구조를 (35)의 DoS의 관점에서 보자면, 두 John은 (여느 연쇄쌍들처럼) IM으로 맺어진 관계가 아니라, 각각 독립적으로 EM된 것으로 해석된다. 이는 두 John이 각자의 의미역을 가지고 있기 때문인데, 이와 같이, TT에 따른 해석과 DoS의 해석 사이에 생기는 모순, 즉, IM이어야 함과 동시에 EM이어야 한다는 모순적 현상은 각 운용들이 지닌 마르코프적(Markovian) 속성에서 비롯되는 것이고, 해서, (36)의 <John$_2$, John$_1$>과 같은 연쇄쌍을 일러 M(arkovian)-gap이라 부른다.[41] 도출 과정의 '과거' 혹은 그 '역사'를 알지 못하는, 알 수조차 없는 FC의 마르코프적 속성에 의해 초래되는 (모순되지만) '적법한' 현상인 것이요, 이것이 바로 그동안 우리가 통제(Control)라 불렀던 현상의 실체라는 것이 Chomsky의 주장인 것이다.

자, 이제, Chomsky (2021a,b)에서 논의하는 (기존의) PRO와 관련된 다른 논의들을 몇 가지 살펴보도록 하자(아래 (37)은 Chomsky (2021b)의 (11)이다).

(37) a. *John tried [Mary to win]
     b. John expected [Mary to win]

(37b)는 예외적 격 표지(Exceptional Case Marking; ECM)의 전형적인 사례다. 헌데, 그런 ECM과 적어도 표면적으로는 동일함에도 불구하고, 통제 구문 (37a)는 비문이 되는데, 관련하여, PRO를 가정하는 기존의 분석에서는 (37a)의 [Mary to win]은 (37b)의 [Mary to win]과 달리, TP가 아닌 CP요, 그 결과, 명사구 Mary가 격을 할당받지 못하게 되어 비문이 되는 것으로 간주했

---

41 참고로, Chomsky는 이 M-gap을 처음에는 RR-gap 혹은 IM-gap이라 칭하였다.

었다. 자, 그럼, Chomsky (2021a,b)의 틀에서는 어떤 식의 설명이 가능할까?

Chomsky는 예나 지금이나 격(Case)에 기반한 접근법에 대체로 회의적인 듯하다. 격 자질이라는 것을 명사구의 의미 해석과는 무관한, 오직 음성화와 만 관련된 (부수적?) 자질로 간주하기 때문이다.[42] 따라서, (37a)의 비문법성 역시 Mary의 격이 아닌 다른 곳에서 그 이유를 찾고자 시도한다.

> (38) Case-assignment here is a reflex of the semantic property *Transitivity*
> (TR) of a verb. To account for [(37a)], ... it suffices to appeal to TR
> directly, ignoring the derivative (structural) Case property. (Chomsky
> 2021b: 22)

(38)에 따르자면, 격은 일치의 반영(Case is a reflex of agreement)[43]이라는 종전의 입장과 달리, 주체와 타자 간의 관계 맺음, 즉, 타동성(Transitivity)이라는 동사의 의미적 속성의 반영이라는 입장이다. 이에, try와 같은 류의 서술 어들은 그러한 타동 속성이 (본유적으로) 부재하고, 그 결과, Mary에 타동성을 부여할 수 없게 되어 (37a)는 비문이 된다는 것이다.[44] 바꿔 말해, (37a)의 비문법성의 원천은 Mary와 관련된 격이 아니라, try의 타동성 부재에 있다는

---

[42] 하지만, 아래와 같은 가시성 조건(Visibility Condition)을 주장했던 시절을 상기한다면, Case에 대한 Chomsky의 견해가 '언제나' 회의적이었다고는 말하기 힘들다.

Visibility Condition (Chomsky 2015b: 109, MP 20주년 기념판)
A chain is visible for theta-marking if it contains a Case position.

명사구의 의미 해석에 지대한 영향을 미치는 것이 Case라는 입장이었던 것이다.

[43] 풀어 말하자면, 격이라는 것은 '통사부'에서 할당되는 것이 아니라, 통사부에서의 일치 정보를 바탕으로 음성부에서 '실현'된다는 입장이라 하겠다.

[44] 허나, 이러한 입장이 격을 통한 기존의 설명 방식보다 더욱 타당한 것인지는 의문이다. 그도 그럴 듯이, 타동성의 부재는 결국 Mary의 격 부재로 치환될 것이기 때문이다.

것이다.[45]

자, 이제 마지막으로, (36)과 유사한 듯 하면서도 또 조금은 다른 통제 구문에 대한 Chomsky (2021a,b)의 논의를 살펴보자.

> (39) a. John expected Bill to leave
>
> b. John persuaded Bill to leave
>
> c. John persuaded Bill$_i$ [PRO$_i$ to leave]

(36)과 달리, (39b)는 PRO를 통제하는 성분이 목적어, 즉, 목적어 통제 (Object Control)라 불리는 구문으로써, 기존의 구조 분석은 (39c)와 같았다. 하지만, PRO를 상정하지 않는 Chomsky (2021a,b) 틀에서는 (39a,b)에 대해 아래와 같은 동일한 구조를 제시할 수 있게 된다.

> (40) John ... {Bill$_2$, {V(=expect/persuade), {Bill$_1$ to leave}}}

(40)에 FC가 적용되면, 연쇄쌍 <Bill$_2$, Bill$_1$>이 형성되고, 이후 음성화 과정에서 연쇄쌍의 꼬리가 삭제되면, 각각 (39a)와 (39b)와 같은 음성 실현형이 도출된다. 목적어 통제와 ECM에 대한 통합된 설명의 길을 열어 놓은 셈인데,[46] 언제나 그렇듯, 이런 저런 문제들이 도사리고 있다.

---

45 최근 Chomsky는 이와 같은 타동성의 개념을 국면침투불가 조건(Phase Impenetrability Condition; PIC)에도 연결시키려 하는 듯하다.

46 ECM에 대한 (40)과 같은 구조는 목적어 Bill의 이동을 전제로 한다. 이에, 8.3.에서 논의하는 Spec-VP/RP로의 목적어 이동은 (40)의 분석을 확대 적용한 것으로 볼 수 있다.

(41) a. John expects to get a raise.

　　b. {John$_3$ ... {John$_2$, {expect, {John$_1$ to get a raise}}}}

　　c. John expects John to get a raise. (John ≠ John)

(40)을 따르자면, (41a)의 도출 과정은 대략 (41b)와 같을 것이다. 이에, 형성되는 (적격한) 연쇄쌍 <John$_3$, John$_2$>, <John$_2$, John$_1$>은 음성부로 전달되어 각각의 꼬리가 삭제되게 되면, (41a)와 같이 실현된다. 별다른 문제가 없다. 하지만, 두 John이 서로 다른 인물인 (41c)의 경우에는 좀 곤욕스러운 상황이 발생한다. (41c)의 도출 과정 또한 (41b)와 같고, 그 결과 음성 실현형 역시 John expects to get a raise가 돼 버리기 때문이다. 짐작컨대, Chomsky 는 이 문제 역시 expect의 타동성 유무에 기반을 두어서 해결해 보려는 입장인 듯한데, 과연 어떠한 논리가 구체적으로 펼쳐질지 기대되는 바이다.[47]

---

47 관련하여, Chomsky (p.c.)를 공유해 준 이경미 선생님께 감사드린다.

제6장

모호함

6.1. 모호함

이번 절에서는 앞서 2장의 각주 18에서 간략하게 언급한 바 있는 불확정성(Indeterminacy)의 문제에 대해 좀 더 구체적으로 살펴보기로 하자.

(1) WS = [{X_1, Y_1}, X, Y]

(1)의 WS에는 이용 가능한(Accessible) 통사체가 다섯 개, 즉, X_1, Y_1, {X_1, Y_1}, X, Y. 자, 이제, X를 타겟으로 하는 운용을 적용시키려 할진대, 그 운용은 두 개의 X, 즉, X_1과 X 중에 어떤 쪽을 선택해야 할까? Chomsky (2021a)에 따르자면, 동일한 통사체 X가 중복으로 등장하는 구조가 (1)과 같은 경우, 두 X 중 어느 쪽도 결정할 수 없는 '치명적인 모호함(lethal ambiguity)'의 문제가 발생한다고 주장한다.[1] 자, 그럼, X가 역시 중복 출현하지만, 약간 다른 구조를 하고 있는 WS를 살펴보자.

---

1   따라서, 통사체 X, Y를 타겟으로 하는 적법한 Merge는 (1)과 같은 작업 공간이 아니라, WS = [{X, Y}]와 같은 작업 공간을 생성하는 것이다.

(2) WS = [{X₂, {X₁, Y}}]

    (1)과 마찬가지로, (2)의 WS에도 두 개의 X가 발견된다. 자, 그렇다면, 이 또한 '치명적인' 모호함을 초래할까? Chomsky에 따르자면, 그 대답은 부정적이다. 이유인 즉, X가 비록 공히 중복 출현하고 있지만, (2)와 같은 경우에는 두 X의 내포 정도가 다르기 때문이다. 즉, X₁은 (WS의 관점에서) 원소의 원소의 원소인 반면, X₂는 원소의 원소이기 때문인데, 이와 같이 작업 공간 내에 동일 통사체가 중복 출현한다 할지라도, 각 통사체들의 내포 정도가 구분될 수 있다면, 치명적 모호함의 문제를 야기하지 않게 된다.

    자, 그럼, 내포 정도를 기준으로 (1)을 다시 한 번 들여다보자. X₁은 (WS의 관점에서) 원소의 원소다. 하지만, X는 원소다. 해서, 이 또한 엄밀히 따지자면, 각각의 X는 내포 정도가 달라 서로 구분이 가능하다고 해야 하지 않을까? Chomsky의 관점은 다른 듯하다. (1)의 X와 같이 병합으로 묶여지지 않은, 비유컨대, 병합의 결과물이 아닌 '날 것'의 경우에는, 어떤 경우에도 동일 통사체 출현의 치명적 모호함을 초래할 수 있는 요소로 간주하는 듯하다.[2]

6.2. 모호함의 치명성

    모호함과 관련된 좀 더 복잡한 구조를 살펴보도록 하자.

---

2   사실 (1)의 WS = [{X, Y}, X, Y]는 Chomsky (2020)에서 주장된 EM 방식으로써, (날 것의) X와 Y는 (Merge에 내장된) Remove라는 기제에 의해 제거되고, WS는 결국 [{X, Y}, X, Y]가 된다. 하지만 이와 같은 Merge 방식은 Chomsky (2021)에서 MY를 준수하는 Merge로 재개념화 됨으로써 Remove라는 기제 역시 사라진다.

(3) a. John$_3$ arrived and met Bill

    b. {John$_3$, {&, {v, {arrive, John$_1$}}, {John$_2$, {v*, {meet, Bill}}}}}

(3a)를 생성하는 과정에서 (3b)와 같은 구조가 생성될 것인데, 여기서 잠깐 생각해 보자—John$_3$의 출처는 어디일까? John$_3$는 John$_1$이 이동해 온 것일까, 아니면, John$_2$가 이동한 것일까? 관련된 Chomsky (2021a: 24)의 언급은 아래와 같다.

(4) Either *John$_1$* or *John$_2$* can raise ... INT cannot determine which one raised.[3] But it doesn't matter. The interfaces are not affected, so that there is no lethal ambiguity.

말인 즉, John$_3$의 출처가 John$_1$인지, John$_2$인지 알 수 없다는 것, 나아가, 그 출처가 John$_1$가 됐든, John$_2$가 됐든, 아무런 문제가 발생하지 않으니 출처의 모호함은 문제될 게 없다는 것이다. 자, 이에 대해 좀 더 자세히 살펴보도록 하자.

John$_3$의 출처에 대한 모호함이 발생하는 이유는 (통사부) 운용들의 (본유적) 속성인 마르코프(Markovian)성에서 비롯되는 것일 테다. 예를 들어, FC라는 운용은 '적용 시점'의 동일성만을 기준으로 연쇄쌍을 형성할 뿐이니, John$_3$의 과거 행적, 즉, John$_3$가 John$_1$에서 비롯된 것인지, 아니면, John$_2$에서 비롯된 것인지, 알지도 못하고, 알 수도 없다.[4] 자, 그렇다면, FC의 그와 같은

---

3   이 구절만 보면, INT라는 것이 무슨 운용(operation)인 듯 오해하기 십상이다. 하지만, 5.1절에서도 언급하였듯이, INT는 설명의 편의를 위해 사용하고 있는 표현일 뿐이다.

4   이에, TT는 통사적 운용이 아니라는 유추가 가능하다. TT가 자신의 임무를 제대로 수행하려면, 연쇄쌍에서 발견되는 의미역(들)의 '출처'를 알아야 하기 때문이요, 그러기

무지(?)가 (3b)의 의미 해석 및 음성 실현형에도 영향을 미칠까? 살펴보자(편의상 (3b)를 다시 옮겨 온다).

(5) a. John$_3$, {&, {v, {arrive, John$_1$}}, {John$_2$, {v*, {meet, Bill}}}}} (= 3b)

b. {John$_3$, {&, {v, {arrive, ~~John~~$_1$}}, {~~John~~$_2$, {v*, {meet, Bill}}}}}}

과거를 모르는 FC는 적용 시점의 동일성만을 기준으로 연쇄쌍 <John$_3$, John$_1$>과 <John$_3$, John$_2$>를 형성할 것이고,[5] 이후 음성화 과정에서 각 연쇄쌍들의 꼬리에 해당하는 John$_1$과 John$_2$는 삭제가 되어 John arrived and met Bill로 실현될 것이다. 자, 그런데, 이 모든 과정에서 John$_3$의 출처가 어디냐 하는 정보는 (5b)의 음성 실현형을 결정하는 데 아무런 영향을 미치지 않음을 알 수 있다. 바꿔 말해, 그 출처가 John$_1$이든, John$_2$이든, 음성 실현형에는 변함이 없고, 나아가, 그 음성 실현형은 우리가 의도한 대로이니, 아무런 문제가 발생하지 않는다는 것이다. 바로 이런 이유에서, (3b)와 같은 구조에서 발생하는 출처의 모호함에 대해 Chomsky는 '치명적이지 않은(non-lethal)' 모호함이라 하는 것인데, 필자의 관점에서는 '모호함이 발생한다'는 명제 자체가 오히려 모호한 것이 아닌가 싶다. 그도 그럴 듯이, 지금까지 언급한

위해서는 그 '과정' 혹은 '과거'를 추적할 수밖에 없기 때문이다. 따라서, TT의 소속은 (아마도) 해석부일 것이다.

5 등위 접속 구문에 관한 아래의 Coordinate Structure Constraint (CSC, Ross 1967)를 위배하지 않으려면, 언급한 두 연쇄쌍들 중 어느 한쪽만 형성해서는 안 된다.

(i) In a coordinate structure, no coordinate may be moved, nor may any element contained in a coordinate be moved out of that coordinate unless it moves from all coordinates.

(i)의 요인 즉, 등위 접속 구문에 어떤 운용을 적용할 때에는, 어느 한쪽이 아닌 등위 접속된 '모든' 요소에 공히 적용해야 한다는 것이다.

운용들 가운데 John₃의 출처에 무지한 운용은 FC 뿐이다. 하지만, 이러한 무지는 FC가 자신의 임무를 수행하는데 아무런 영향을 미치지 않으며, 나아가, 운용의 마르코프 속성을 수용하면, 이러한 무지는 사뭇 당연한 귀결이다. 말인 즉, FC의 관점에서는 출처의 '모호함'이 발생하지도 않고, 발생할 수도 없다는 것이다. 그렇다면, 또 다른 운용, Merge는 어떨까? Merge는 통사체들 사이의 관계를 형성하는 FC와 달리 구조를 생성하는 운용이다. 이에, John₁이 되었든, John₂가 되었든, 그걸 이동시켜 (5b)와 같은 구조를 만들어낸 장본인이 바로 이 Merge일 것인데, 그렇다면, 다른 운용들은 몰라도 Merge만큼은 그 출처를 알고 있어야 하지 않을까? 이러한 논리가 만약 타당하다면, Chomsky이 말하는 출처의 '모호함'은 운용에 따라 다를 수 있고, 심지어는 모호함 자체가 발생하지 않는 것일 수도 있을 것이다.[6] 절을 바꿔 논의를 이어가도록 하자.

6.3. 문제의 모호함

(3b)를 다시 옮겨와 보자.

(6) {John₃, {&, {v, {arrive, John₁}}, {John₂, {v*, {meet, Bill}}}}} (= 3b)

앞서, John₃의 출처가 John₁인지, John₂인지 알 수 없다고 했고, 그럼에도

---

6 이를 좀 과격하게 말하자면, Chomsky이 언급하는 '모호함'은 '허수아비 때리기(Straw Man Fallacy)'식의 오류, 즉, 실존하지 않는 문제를 문제로 삼고 있는 논의일 수 있는 것이다.

이러한 모호함은 치명적이지 않다고 했다. 그런데, (6)의 구조를 좀 더 자세히 들여다보면, 모호함이란 문제가 애초에 발생하긴 하는 것인지 의심스러워진다. (6)의 바로 전 단계를 살펴보자.

(7) a. WS = [{&, {v, {arrive, John₁}}, {John₂, {v*, {meet, Bill}}}}]

    b. {v, {arrive, John₁}}, {John₂, {v*, {meet, Bill}}}

(7b)에서 알 수 있듯이, John₁과 John₂는 서로의 내포도가 다르다. 전자가 후자보다 더 깊이 내포돼 있는 것이다. 따라서, MS를 고려한다면, 이동, 즉, (Internal) Merge의 타겟이 될 수 있는 John은 (모호함 없이) John₂일 수밖에 없는 것이다. 모호함의 불가능성은 표찰화를 통해서도 입증된다(3.2.에서도 유사한 논의가 있었다).

(8) a. {John₂, ... {ₐ John₁, {v*P ... }}}

    b. {John₃, {&, {v, {β arrive, John₁}}, {ₐ John₂, {v*, {meet, Bill}}}}}

Chomsky (2013, 2015a)에 따르면, (8a)에서와 같이 John이 이동을 한 경우, 하위의 John₁은 표찰화 알고리즘(LA)에 비가시적인 요소로 변질된다. 그 결과, 통사체 α의 표찰은 v*로 인한 결정이 가능해진다. 자, 그럼, 출처의 모호함이 발생한다는 (8b)의 구조에 이러한 비가시성을 똑같이 적용해 보자. 우선, 통사체 β의 경우, John₁의 이동과 상관없이 표찰화가 가능한 구조다. 따라서, John₁이 John₃의 위치로 이동을 하든, 하지 않든, 표찰화에는 아무런 문제가 발생하지 않는다. 하지만 통사체 α의 경우에는 상황이 다르다. John₂가 이동하지 않고 제자리에 남아 있다면 표찰화가 불가능한 구조가 되기 때문이다. 따라서, Chomsky의 주장과는 달리, (8b)에서 이동해야 하는 요소는 모호한 것이 아니라, John₃여야 한다. 자, 이제 마지막으로, 어쩌면 진정으로 모호함이 발생한다 할 수 있는 구조를 살펴보자.

(9) a. John buys books and sells them

b. {&, {{_β John₁ {v*, {buy, books}}}, {_α John₂, {v*, {sell, them}}}}}

c. {John₃, ... {&, {John₁ {v*, {buy, books}}}, {John₂, {v*, {sell, them}}}}}}

(8b)와 달리, (9b)의 구조에서는, 두 John 중 어느 쪽을 이동시키더라도 표찰화의 문제가 발생한다. α와 β 둘 모두 표찰화가 불가능한 XP-YP 구조를 하고 있기 때문이다. 문제는 사실 더 심각하다. 두 John은 내포도마저 서로 동일한데, 이는 MS의 관점에서 이동시킬 통사체를 선택할 수 없는 모호함을 초래한다. 허나, 이와 같은 문제적 상황에서도 FC는 꿋꿋하게(?) 연쇄쌍 <John₃, John₁>과 <John₃, John₂>를 형성할 것이요, 이는 John buys books and sells them이라는 음성형으로 실현될 것이다. 이러한 뭔가 난감한 상황을 어떻게 해결할 수 있을까?

제7장

해석

7.1. 해석

 기존의 통설을 따르자면, 통사부에서 하나의 국면이 생성되고, 그 국면 내에서 필요한 모든 작업들이 완료되고 나면, 해당 국면 핵의 보충어 영역에 속한 통사체들은 소위 접합 층위(Interface Levels)라 불리는 두 곳의 해석 체계, 즉, 감각-운동 체계(Sensorimotor Systems; SM)와 개념-지향 체계(Conceptual-Intentional[1] Systems; CI)로 각각 전송된다. 이렇게 통사부로부터 통사체들을 전달받은 접합 층위들은 각자가 수행하는 해석, 즉, 음성 해석과 의미 해석을 수행하게 된다.

 상기 언급한 해석 절차는 두 가지를 암시한다. 첫째는 언어 표현을 '생성'[2]

1　'Intentional'을 '의도'로 번역하여, CI를 개념-'의도' 체계라 많이들 적고 있는데, 이는 필시 바로 잡아야 할 오역이다. CI의 'Intentional'이란 철학, 그 중에서도 Philosophy of Mind 분야의 핵심 용어를 차용한 것으로써, ('의도'가 아닌) '무엇 무엇에 대함(aboutness/of-ness)'이라는 의미를 지닌다. 이에, 본문에서는 그 앞의 한자어 '개념'에 맞추어, 한자어 '지향'으로 옮겼다. 하지만, '의도'라는 오역이 이미 자리를 잡은 관계로, 올바른 번역어가 되레 어색하게 여겨질 것이다.

2　엄밀히 말하자면, 통사부에서 생성되는 것은 실질적인 '문장' 혹은 그와 같은 '구문'이 아니라, 아래 (i)/(ii)에서 언급하듯, (하나의) '생각(thought)'이다.

　(i) "The I-language can be plausibly construed as a system for generation of thought."

하는 층위, 즉, 통사부가 따로 있고, 그렇게 생성된 표현들을 '해석'하는 층위들이 또 따로 있다는 것이고, 두 번째는 그 해석의 과정이 수동적이라는 것이다. 비유하자면, 통사부에서 무언가를 전달해 주기 전까지는 해석부는 하는 일 없이 그냥 빈둥대고 있다는 것이다. 자, 그런데, Chomsky (2021a,b)에서는 (기존의) 독립된 층위(Level)로서의 SM과 CI, 그리고 각각의 수동적 해석 방식을 부정하고, 다음과 같은 새로운 제안을 하고 있다.

(1) Postulation of interface levels is in fact superfluous; it is enough to say that extra-linguistic systems access derivations. (Chomsky 2021a: 11)

말인 즉, 통사부로부터 통사체들을 전달받은 그 다음에야 해석 작업이 실행되는 것이 아니라, 해석과 관련된 체계들, Chomsky의 표현을 빌리자면, '언어-외적 체계들(Extra-linguistic Systems; ELS)'이 통사부에 '직접' 접속하여 해석 작업을 능동적으로 수행한다는 것이다. 이와 같은 능동적인 해석 방식을 Shim (2022)를 따라 '역동적 해석(Dynamic Access; DA)'이라 부르고, 관련

(Chomsky 2021b: 6)

(ii) "Language is not the vehicle of meaning or the conveyor of thought" but rather its generative principle: "thought anchors language and language anchors thought ... thought vibrates through language. (Chomsky 2022: 2)

말인 즉, 통사부에서 생성하는 것은 'I bought a book'이라는 '실질적 구문' 혹은 '언어 표현'이 아니라, 그러한 구문과 표현에 상응하는 '생각', 굳이 표기로 구분하자면, [I BOUGHT A BOOK]이라는 날 것의 생각이라는 것이요, 이는 각 어휘 항목의 개념(Concept)들을 결합하여 하나의 명제(Proposition)를 완성한 것으로 볼 수 있다. 참고로, 날 것의 '생각'은 흔히 'inner speech'라 불리는 머릿속의 언어 표현, 비유하자면, 드라마 속 등장인물이 자신의 머릿속 생각을 마치 말로 내뱉듯이 표현하는 것과도 다른 개념이다. 생각(thought)은 의식의 접근이 불가능한 '날 것'의 상태이며, 통사부에서 생성하는 것이 바로 그런 '날 것의 생각'인 것이다.

논의를 이어가 보도록 하자.[3]

7.2. 전송과 역동적 해석

앞 절에서 언급한 기존의 해석 방식, 즉, 통사부로부터 통사체들을 전달받은 그제서야 비로소 해석 작업이 이루어지는 수동적 해석 체제 내에서는 통사부에서 생성된 통사체들을 각 해석 층위로 전달해주는 운용이 요구된다. 이름하여, 전송(TRANSFER)이라 하는 운용은 하나의 국면이 완성되고 나면, 해당 국면 핵의 보충어 영역을 각각의 해석 층위로 전달하는 임무를 수행한다.[4]

(2) PH = {XP, {H, YP}} ← Transfer ⇨ {XP, H}[5]

일견 별다른 재고의 여지가 없어 보이는 간단한 작업 같지만, 그 안에는 사실 이런저런 문제점들이 도사리고 있는데, 그 중 하나는 전달되는 '영역'과 관련된다. 즉, 하고 많은 영역들 중에, 왜 하필이면 (국면 핵의) 보충어 영역인가, 왜 하필이면 XP와 H만을 남겨 두며, 왜 그래야만 하는가와 관련

3　(1)의 의미가 SM과 CI는 이제 '없다'는 주장으로 이해되어서는 곤란할 것이다. 이론의 틀이 제아무리 바뀌더라도, 음성 해석과 의미 해석은 필수불가결의 요소이기 때문이다. 따라서, (1)은 기존의 '수동적' 해석 방식을 부정하는 것일 뿐, SM과 CI이 수행하는 작업의 존재를 부정하는 것으로 이해되어서는 안 될 것이다.

4　두 해석 층위 중, SM으로의 Transfer를 따로 일러 Spell-Out이라고도 부른다.

5　엄밀히 따지자면, TRANSFER 적용 후의 구조는 {XP, {H}}여야 할 것이다. 허나, {H}와 같은 한 원소 집합을 그 원소와 동일시하는 언어학의 관례와 논의의 편의를 위해 {XP, H}로 표기하였다.

된 의문들인 것이다.[6] [7]

물론, Chomsky는 나름의 논리를 제시하고 있다. 그 논리인 즉, XP와 H는 이후의 생성 과정에서 꼭 필요한 요소일 수 있으니, 보내지 말고 남겨 둬야 한다는 것이다. 하지만, 이와 같은 대답은 앞으로 벌어질 일을 미리 알고 남겨둔다는 '예측(look-ahead)'의 문제를 피해가기 힘들다.[8]

자, 그렇다면, Chomsky (2021a,b)에서 제안하는 새로운 해석 방식, 즉, 기존의 수동적 해석이 아니라, 해석을 담당하는 체계들이 도출 과정, 바꿔 말해, 작업 공간에 능동적으로 접속하여 해석하는 방식에서는 '예측'의 문제와 언급했던 전송 영역의 작위성 문제를 비껴갈 수 있을까? Chomsky (2021a,b)에서는 '언어-외적 체계(ELS)들이 통사부에 (직접) 접속한다'는 언급 외에 다른 추가 언급이 없는 관계로, 이하, 필자의 생각을 간략하게 적어본다(보다 상세한 내용은 Shim (2022)를 참조하라; 능동적 해석 방식은 문맥에 따라 Dynamic Access (DA)라 칭하겠다).

우선, Chomsky (2021a,b)에서 제안하는 능동적 해석 방식[9]이 시사하는 바

---

6 영역과 관련된 이러한 작위성의 문제는 PIC에서도 공히 발견된다. 뿐만 아니라, TRANSFER 와 PIC가 담당하는 일이 사실 다르지 않다는, 따라서, TRANSFER와 PIC 사이에 잉여 성의 문제 또한 발생한다.

7 Groat (2015), Ke (2016)과 같이 국면 내의 일부분이 아니라 모든 요소들이 TRANSFER 의 대상이 된다는 주장들도 있다.

8 이는 통사부 운용들은 '과거'뿐만 아니라, '미래' 역시 알지 못한다는 말이 된다.

9 ELS의 접속 시점과 관련하여 Chomsky (2021a)에서는 다음과 같이 말한다.

Access can in principle take place at any stage of the derivation [but] access at any other stage of the derivation [than at the phase level] will yield some form of deviance or incoherence. (Chomsky 2021a: 6, 22)

ELS의 접속은 (적어도 원칙적으로는) 생성의 어떤 단계에서도 가능하다. 하지만, 국면 (완료) 단계가 아닌 시점의 접속들은 모두 문제가 발생하게 된다.

들 중 하나는 기존의 (수동적 해석) 체계에서 필요했던 운용, 즉, TRANSFER와 같은 '전달을 담당'하는 운용이 더 이상 필요치 않게 된다는 것이다. 아래 (3)의 단순화시킨 타동 구조를 통해 DA에 기반한 능동적 해석 과정을 좀 더 구체적으로 살펴보자(ELS들 중에는 통사체의 의미 해석을 담당하는 체계가 있을 것인데, 관례를 따라 CI라 부르겠다; 논의의 편의를 위해, 서술어 like의 해석은 논외로 한다).

(3) a. John likes cars

　　b. PH = {$_{vP}$ John, {like, cars}} ← CI

(3b)에서와 같이 국면 vP의 생성이 완료되고 나면, CI가 (역동적으로) 접속하여 관련 해석 작업을 수행할 것이다. 이에, 세 개의 통사체, 즉, John, like, cars가 발견될 것인데, 두 명사구 John과 cars에는 차이점이 존재한다. 전자의 격 자질은 아직 값이 매겨지지 않은 상태인 반면, 후자의 격 자질은 이미 값이 매겨진 상태라는 것이다.[10] 이에, 다음과 같은 해석 관련 조건을 상정해 보자.

(4) **Condition on Full Interpretation (CFI)**
　　An element can be fully interpreted only if it bears no unvalued features.

말인 즉, 값 매김이 되지 않은 자질을 보유한 통사체에 대해서는 (완전한) 해석이 이루어질 수 없다는 것이다. 자, 그렇다면 (3)의 경우, John이 여기에

10　이는 격 자질이 명사가 본유적으로 지니고 있는 자질이라는 전제를 깔고 있다.

해당한다. 그 결과, like와 cars만 (완전한) 해석을 받게 되는데, 이 말은 곧, like와 cars는 (통사부에서) 해석부로 옮겨진 통사체, 즉, 이후의 생성 과정에서 (자연스럽게) 비가시적인 요소들이 되고, 값 매김 되지 않은 자질을 보유하고 있는 John만이 통사부의 운용에 여전히 가시적인 요소로 남게 됨을 의미한다. 통사체의 비가시성을 외곽선으로 표시하여 (3)을 다시 보자.

(5) a. PH = {$_{vP}$ John, {like, cars}} ← CI ⇨ {$_{vP}$ John, {like, cars}}
    b. PH = {XP, {H, YP}} ← TRANSFER ⇨ {XP, H}

DA에 기반한 해석 버전인 (5a)와 기존의 (수동적) 해석 방식인 (5b)에는 몇몇 뚜렷한 차이가 발견된다. 우선, 기존 방식의 경우, 국면이 완성된 후 TRANSFER가 되는 영역은 해당 국면 핵의 보충어 영역뿐인 반면, DA의 경우에는 국면 핵까지 포함한다.[11] 나아가, 전자는 전송 영역의 지정이 작위적인 반면, 후자의 경우는 (비교적) 자연스럽다. 통사체가 완전한 해석을 받았다는 말은 해당 통사체에 대해 해석 작업까지 완료되었다는 말이고, 이는 곧, 해당 통사체의 통사적 역할 역시 종료되어야 함을 의미하기 때문이다. (5a)와 (5b)는 이동의 양상에 있어서도 다른 예측을 보여준다.

(6) {$_{vP}$ what$_2$, {John, {like, what$_1$}}}

---

11 이는, Chomsky (2021a,b)에서의 아래 주장과 일맥상통한다.

With head-movement eliminated, v need no longer be at the edge of the vP phase, but can be within the domains of PIC and Transfer.

뿐만 아니라, 연산적 효율성을 고려한다면, 통사부로부터 통사체 하나를 제거하는 기존의 방식보다 둘을 제거하는 DA 방식이 더 효율적이라 하겠다. 그만큼 연산의 대상이 줄어들기 때문이다.

기존의 분석에 따르자면, (6)의 what₁은 도출 과정에서 TRANSFER가 될 영역의 외부, 소위 말하는 국면의 가장자리(Edge)로 이동해야 한다. 그렇지 않고 제 자리에 남아 있을 경우, vP의 완성과 함께 TRANSFER가 되어버림으로 이동이 불가능하기 때문이다. 하지만, 사실, 이와 같은 예측(look-ahead)에 기반을 둔 이유를 제외한다면, what₁의 vP 외곽 Spec으로의 이동에 대한 별다른 다른 근거는 없다. 자, 이제 DA에 기반한 분석을 살펴보자.

(7) {what₂, C, ... {$_{vP}$ **X** {$_{vP}$ **John**, {**like**, **what**$_{1[uF:]}$}}}

(7)에서 vP 국면이 완성되고 나면, CI가 (능동적으로) 개입하여 해석 작업을 수행할 것인데, 이에, what₁은 (4)의 CFI에 의거, 완전한 해석을 받지 못하고, 그 결과, 통사적 가시성을 유지하게 된다.[12] 이에, 두 가지 가능성을 생각해 볼 수 있다. 첫 번째 가능성은 wh-요소가 기존의 연속 순환적 이동이 아닌 Spec-CP 자리로 직방으로 이동하는 것이다. 이는, C가 도입될 때까지도 what₁의 통사적 가시성은 여전히 유지되고, 따라서, 제자리를 지키고 있기 때문이다. 두 번째 가능성은 (기존의 분석과 마찬가지로) what₁이 **X**로 표시한 국면의 가장자리로 이동하는 것, 즉, 연속 순환적으로 이동하는 것이다. 그래야할 필연적인 이유나 제약은 없다. 하지만 동시에, 그러한 이동을 금지하는 제약도 따로 없다.[13] 그러면, DA 분석은 A'-movement에 대해 연속 순환적

---

12 What₁이 보유한 비해석성 자질 [uF]의 정체는 관점에 따라 달라질 수 있다. [uwh]일 수도 있고, [uQ]일 수도 있다는 것이다. 하지만 어느 쪽이 되었든, what₁이 비해석성 자질을 보유하고 있다는 사실에는 변함이 없다.

13 관련하여, Chomsky (2015a: 10-11)에서는 다음과 같이 주장한다.

There is no reason to retain [the] condition [that each operation has to be motivated by satisfying some demand]. Operations can be free, with the outcome evaluated at

이동과 직방 이동, 둘 모두를 공히 허용한다는 것일까? 애매하다.

우선, 직방 이동의 경우, 감정적인 반감(?)이 도사리고 있다. A'-movement 가 연속 순환적이라는 것은 마치 기정사실에 가깝다 할 만한 통설로 여겨지고 있기 때문이다. 실질적인 문제도 만만치 않다.

(8) a. $\{_{CP}$ what$_2$, C, ... $\{_{vP}$ John, $\{$like, what$_{1[uF: \ ]}\}\}$

b. $[_{CP}$ what$_2$ do you think $[_{CP}$ she thinks $[_{vP}$ he likes what$_1]]]$

What$_1$의 직방 이동을 허용하게 되면, (8b)에서와 같이, 그 이동 거리가 상당수의 국면을 가로지를 수 있다는 말이 된다. 뿐만 아니다. Chomsky (2021a,b)를 따르자면, 연쇄쌍을 형성하는 FC는 국면 단계에서 적용된다. 이에, (8b)에 대해 <what$_2$, what$_1$>의 연쇄쌍을 형성하기 위해서는, 'FC는 국면 단계에서 적용된다'는 명제를 포기해야 하는데, 이는 빈대 한 마리를 잡으려다 초가삼간을 다 태워버리는 형국이 될지 모른다.[14]

허나, FC의 국면 단계 적용을 유지하기 위해 연속 순환을 선택하더라도 이런저런 넘어야 할 산들이 도사리고 있다.

(9) $\{$what$_{3[uF:v]}$, C, ... $\{_{vP}$ what$_{2[uF:v]}$ $\{_{vP}$ John, $\{$like, what$_{1[uF: \ ]}\}\}$

(9)에서 알 수 있듯이, what$_1$이 지닌 비해석성 자질이 값 매김 되는 곳은

---

the phase level for transfer and interpretation at the interfaces.

말인 즉, 통사체의 이동에는 이유나 동기가 필요하지 않다는 것이다.

14 허나, 관점을 달리 하면, (8b)의 CP 단계에서 적용된 FC도 분명 (CP라는) 국면 단계에서 적용된 것으로 볼 수 있을 것이다.

what$_2$의 위치에서다. C와 AGREE를 함으로써 what$_2$의 [uF] 값이 정해지기 때문이다. 이에, 국면 단계에서 FC는 what$_2$와 what$_1$을 대상으로 연쇄쌍을 형성할 수 있을까? 전자와 후자가 (FC의 관점에서) 과연 동일한가 하는 물음이다.[15] [16]

자, 그러면 이제 주제를 바꾸어, A-movement를 살펴보도록 하자.

(10) John$_1$ seems [**X** to have been attacked John$_{1[Case:]}$]

John$_1$은 자신의 격 자질 값이 명세 되지 않는 이상 가시적인 요소로 접근이 가능한 상태로 제자리에 남아 있게 된다. 이에, DA에 기반한 분석은 John$_1$의 A-movement 역시 직방과 연속 순환을 모두 허용한다.[17] 그 이유는 상기 언급한 A'-movement와 동일하나, (10)의 경우, 그 이동이 직방이라 하더라도 A'-movement에서 언급한 국면 관련된 문제는 발생하지 않는다. A-movement의 출발지와 종착역 사이에는 국면 핵이 존재하지 않기 때문이다.

---

15 사실, 이러한 문제는 DA 분석뿐만 아니라, 기존의 분석에서도 공히 발생한다.

16 이런 생각을 해 볼 수도 있을 것이다. 그 구체적인 분석이 어떻게 다르던, (9)의 what$_2$와 what$_1$이 동일한 통사체라는 사실에는 변함이 없다. 그렇다면, 한쪽에서 변화가 생긴다면, 그와 동시에 다른 한쪽 역시 그러한 변화를 겪는다고도 볼 수 있을 것이다. 단순한 비유에 불과하지만, 이는 마치 물리학의 '양자 얽힘(Quantum Entanglement)' 현상과 유사하다 하겠다. 하나의 입자를 둘로 쪼개어 둘 사이의 거리를 아무리 멀리 한다 하더라도, 한 쪽의 스핀 방향이 정해짐과 '동시'에 다른 한쪽의 스핀 방향이 정해지는 그런 양자 얽힘 말이다.

17 A-movement에 대해 직방 이동과 연속 순환적 이동을 모두 허용하는 분석으로 Mizuguchi (2019, 2020)을 참조하라.

7.3. 해석과 비해석성 자질

비해석성 자질(uninterpretable feature; uF)은 최소주의 초기부터 비교적 최근까지 이론적 논의를 전개하는 데 있어 핵심적인 역할을 담당해 왔다. 이에, 논의의 중심이 되었던 비해석성 자질들로 아래 두 자질을 꼽을 수 있다.

> (11) a. 국면 핵의 비해석성 일치 자질(uφ)
> b. 명사구의 비해석성 격 자질(uCase)

하지만, 돌이켜 보면, 비해석성이라는 그 이름부터 어쩌면 오명이 아니었나라는 생각이 든다. 그도 그럴 듯이, (11a,b)의 자질들을 일러 '비해석성'이라 하지만, 엄밀히 따지자면, 해당 자질들의 비해석성은 (대개) CI에 한해서만 타당하다. 영어만 놓고 보더라도, (11a)는 동사의 어미로 음성화 되고, (11b)는 대명사의 경우 서로 다른 굴절형으로 음성화 되어야 하니, SM의 관점에서는 반드시 필요한 '해석성' 자질이기 때문이다.[18]

이후, 비해석성 자질은 그 값이 명세되지 않은 채로 도입되는 빈값, 혹은, 미명세 자질(unvalued feature)로 재개념화 되지만, 이 또한 만만찮은 문제들을 안고 있다.

> (12) $T_{[\phi:\_\_]}$ ... $NP_{[\phi:3]}$ ← AGREE ⇨ $T_{[\phi:3]}$ ... $NP_{[\phi:3]}$

비해석성 자질과 해석성 자질을 구분하는 유일한 기준이 자질 값의 명세

---

18 물론, SM을 언어 능력의 필수 체계로 간주하지 않는 최소주의 입장을 고려한다면, '비해석성 자질'이란 이름은 크게 문제되지 않을 수도 있다.

유무라면, (12)에서처럼 비해석성 자질과 상응하는 해석성 자질 사이에 AGREE가 발생한 후의 상황이 애매해진다. 빈값 자질은 AGREE를 통해 그 값을 부여받게 되고, 그 결과, 적어도 외견상으로는 해석성 자질과 구분할 수 없는 모습으로 변하기 때문이다. 하지만, 그럼에도, 해당 (비해석성) 자질이 CI-비해석성이라는 사실에는 변함이 없고, 따라서, 외견상 해석성 자질과 구분이 되지 않는 비해석성 자질을 이제 무슨 기준으로 구분해내어 제거할 수 있는가 하는 문제가 발생하게 되는 것이다.[19]

또 다른 문제도 있다. 앞서 언급하였듯이, (12)에서와 같은 T의 일치 자질은 CI 관점에서는 비해석성이지만, SM의 관점에서는 음성화를 위해 필요한 정보, 즉, 해석성 자질이다. 그러니, CI로는 전송이 되어서는 안 될 것이요, 반면, SM으로는 반드시 전송이 되어야 할 것인데, 이에, 그러한 구분은 어떻게 가능하며, 또 어떤 운용이 담당하느냐 하는 문제가 초래된다. 통사부와 해석부 사이의 접점은 TRANSFER라는 운용이 유일하니, 자질들의 해석 층위별 해석성 구분 또한 TRANSFER의 몫이어야 할 것이다. 그런데, 이 말은 곧, 각 자질들의 해석 층위별 해석성을 TRANSFER가 (이미) 알고 있다는 말이 되는데, 이 부분이 꽤나 난감하다. 그걸 어떻게 알고 있을까? 대체 무엇을 보고 그렇게 판단하는 것일까? 말했듯이, AGREE가 있고 나면, 자질의 해석성 유무를 구분 짓는 유일한 기준, 즉, 자질 값의 명세 유무가 사라진다. 더군다나, 해당 자질이 (예를 들어) [+labial]처럼 '음성' 자질임이 사뭇 명백하거나, [+human]처럼 '의미' 자질임이 분명한 경우라면, 그러한 구분은 그나마 자연스러울 것이다. 하지만, 동종의 자질임에도 불구하고, 명사의 일치자

관련하여 AGREE와 TRANSFER의 적용 타이밍 문제를 다룬 Richards (2007)을 참조하라.

질은 CI-해석성이지만, T의 일치자질은 비해석성이니, 이를 TRANSFER라는 운용이 구분한다는 것은 작위성 문제를 비껴가기 힘들어 보인다.[20]

비해석성, 혹은, 빈값 자질로 초래되는 또 다른 문제도 있다. 이름하여, 자질 상속(Feature Inheritance; FI). Chomsky (2007, 2008)에서 처음 제안된 이 FI라는 운용은 국면 핵이 보유한 비해석성 일치 자질을 그 보충어 영역의 핵으로 옮기는 작업을 담당한다. 하고 많은 자질들 중에 하필이면 (비해석성) 일치 자질만 이렇게 옮겨 다닌다는 설정부터가 작위의 냄새가 솔솔 풍기는 것이다.[21]

이상 언급한 문제들뿐만 아니라, 이런 저런 다른 문제들[22]도 있어서인지, Chomsky의 글에서는 언젠가부터 비해석성 자질에 대한 언급이 뜸해지고 있다. 아래 (13)의 글에서도 비해석성 자질(의 존재 이유)에 대한 Chomsky의 답답함(?)을 느낄 수 있다.

(13) With the interpretable features, it's clear what their function is: they have a semantic function ... Why does language have uninterpretable features at all? There was a proposal ... that possibly uninterpretable features

---

20 격 자질도 애매하다. Chomsky는 격 자질의 CI 관련성을 완고히 거부하지만, 격 자질이 해당 명사구의 초점(Focus) 해석에 영향을 미치는 한국어와 같은 사례들을 고려한다면, 격 자질은 SM뿐만 아니라, CI에서도 필요한 자질일 수 있기 때문이다. 나아가, 명사의 일치 자질도 문제가 될 수 있다. 예를 들어, she와 he를 구분 짓는 유일한 자질은 성(gender) 자질이다. 그렇다면, 성 자질은 SM과 CI, 두 곳 모두 전송이 돼야 할 것인데, 이 부분이 애매하다. 하나의 자질이 어떻게 두 곳으로 전송되는가?

21 Chomsky (2013)에서는 일치 자질뿐만 아니라, 국면 핵이 보유한 다른 '모든' 자질들이 복사(Copy)되어 옮겨지는 것으로 수정한다.

22 최소주의에서는 한때 이런저런 이동 현상들을 설명하기 위해 각양각색의 비해석성 자질들이 우후죽순 등장했었는데, 이러한 사태를 일러 Boecks는 자질염(Featuritis)이라 풍자하고 있다.

serve to mark phases but that doesn't seems to be true. So, at the moment it's in limbo. We have no answer to the question why language have uninterpretable features. So I think it's a good open question. (Chomsky 2022)

제8장

수의성

8.1. 운용 적용의 수의성

아래와 같은 작업 공간을 생각해보자:

(1) WS = [the, boys, like, toys]

Chomsky의 주장에 의하면, 모든 운용의 적용은 '수의적(optional)'이다.[1] 말인 즉, (1)의 작업 공간에 (예를 들어) Merge라는 운용을 적용할 수도 있고, 하지 않을 수도 있다는 것이다. 만약 적용을 하면, 그리고 그 적용에 아무런 문제가 없다면, 종국에 {{the, boys}, {like, toys}}라는 구조가 생성될 것이고,[2] 적용을 하지 않거나, 중단한다면, 해당 구조는 생성되지 못하거나, 완성되지 못하게 될 것이다.[3] 이에, Merge와 같은 운용의 경우에는 그 적용의

---

1 "We conclude ... that like other operations, FC is optional." (Chomsky 2021b: 25)

2 물론, 'boys like the toys'의 생성도 가능하다.

3 이에, FL이 그 모든 가능성들을 실제로 다 수행하는가 하는 문제가 있을 수 있다. 만약 수행한다면, 한 구문 당 실로 수많은 도출 과정들이 시도되는 셈이니, 그 연산적 부담이 엄청날 수 있을 것이다.

수의성이 (상대적으로) 큰 의미를 가지지 않는다. 말했듯이, 적용하지 않거나, 불완전하게 적용한다면, 해당 구조들은 결국 모두 문제가 생겨 비문이 될 것이기 때문이다. 하지만, 적용의 수의성이 유의미한 차이를 초래하는 운용들이 있다. 절을 바꿔 살펴보자.

8.2. 수의성과 연쇄쌍 형성, 그리고 삭제

아래를 보자(예문들은 Chomsky 2021a의 (30)/(31)에서 가져왔다).

(2) a. which farm did John live on which farm$_1$ near which farm$_2$

b. which farm did John live on which farm$_1$ and near which farm$_2$

(2a)와 (2b)가 각각 다음과 같이 음성화 되었다고 해보자.

(3) a. #which farm did John live on near

b. *?which farm did John live on and near

음성화가 (3)과 같이 되었다는 말은, FC의 적용에 의해 아래 (4)의 연쇄쌍들이 형성되었고, (음성화 과정에서) 각 연쇄쌍의 꼬리에 삭제(Deletion)도 적용되었다는 말이 된다. 바꿔 말해, FC와 Deletion이라는 두 운용이 모두 적용이 되었다는 것이다.

(4) <which farm, ~~which farm$_1$~~>, <which farm, ~~which farm$_2$~~>

이에, (3a)는 논리적으로는 비록 모순이나(senseless),[4] 문법적으로는 아무런 하자가 없는 문장이 되고, (3b)는 (비교적 명백한) 비문으로 여겨진다.[5]

자, 그러면 이제, (2)를 대상으로 FC와 Deletion 작업이 '수의적'으로 적용된 사례들을 생각해 보자.

(5) a. which farm did John live on ~~which farm~~$_1$ near which farm$_2$
   b. *which farm did John live on ~~which farm~~$_1$ and near which farm$_2$

우선, 상대적으로 간단한 (5b)부터 살펴보자. Which farm$_1$이 음성화 되지 않았다는 말은 연쇄쌍 <which farm, which farm$_1$>을 형성하는 FC가 적용되었고, 나아가 (연쇄쌍의 꼬리에) Deletion도 적용되었음을 의미한다. 반면, which farm$_2$가 음성화가 되어 있다는 사실은 두 가지의 가능성을 의미한다 ─첫째, FC는 적용되었으나, (해당 연쇄쌍에 대한) Deletion은 적용하지 않은 경우, 둘째, FC 자체를 적용하지 않은 경우.[6] 하지만, 어느 쪽이 되었건, Coordination Structure Constraint(CSC)[7]를 위배하게 되어 비문이 된다.

정문이 되는 좀 더 복잡한 (5a)를 보자. (5b)에서와 마찬가지로, which farm$_1$은 FC 적용으로 형성된 연쇄쌍 <which farm, ~~which farm~~$_1$>에 Deletion이 적용되어 삭제되었다. 삭제되지 않은 which farm$_2$ 역시 (5b)에서와 마찬가지로 두 가지의 가능성이 존재한다. 그 첫 번째는 (which farm과) FC는 적용

---

4   해당 농장'에' 살면서, 동시에 해당 농장 '근처'에 사는 것은 불가능하기 때문이다.

5   문법성은 (당연히) 필자의 판단이 아니라, Chomsky의 판단이다.

6   FC가 적용되지 않으면, Deletion 적용은 자동으로 배제된다.

7   CSC는 등위 접속 구문의 경우, 어떤 운용이든 등위 접속된 '모든' 요소에게 공히 적용될 것을 요구한다. 관련하여 6장의 각주 5 또한 참조하라.

되었으나, Deletion이 적용되지 않은 경우다. FC가 적용되었으니, which farm과 which farm₂는 동일한 농장으로 해석될 것이다. 고로, 이 경우는 (3a) 와 마찬가지로, 모순이지만 문법적인 문장이 된다. 또 다른 가능성은 FC를 아예 적용하지 않은 경우다. FC가 적용되지 않았으니, which farm과 which farm₂는 각기 다른 농장으로 간주된다. 그 결과 논리적으로도, 문법적으로도 지극히 정상적인 문장으로 해석된다.

자, 지금까지 살펴본 바에 의하면, 적용의 수의성은 대상이 되는 운용의 종류에 따라 유의미한 결과를 초래할 수 있다는 것이다.

8.3. 단거리 이동과 수의성

Chomsky (2015a) 틀에 따르면, 타동 구문은 대략 아래와 같은 단계를 거쳐 생성된다.

(6) a. $\{_{VP} \text{ V, IA}\}$

　　b. $\{_{VP} \text{ IA}_1, \{_{VP} \text{ V, IA}\}\}$

　　c. $\{\text{EA}, \{v^*, \{_{VP} \text{ IA}_1, \{_{VP} \text{ R, IA}\}\}\}\}$

위와 같은 생성 과정에서 꽤나 논란이 될법한 문제는 바로 IA가 Spec-VP (or RP)로 이동하는 것이다(관련하여 5장의 각주 46 또한 참조하라). 이유인 즉, 모름지기 이동이라 하면, (7)에서 볼 수 있듯이, 자신이 속한 (최대) 범주를 넘어 그 밖으로 이동하는 것이 통상적이기 때문이다.

(7) a. [$_{TP}$ John$_1$, [$_{VP}$ John like ...]

    b. [$_{VP}$ what$_1$ [John [$_{VP}$ like what]]]

이에, (6b)에서의 IA는 자신이 속한 투사 범주 '내부', 즉 동일 VP 안에서 자리만 바꾼 것인데, 이러한 이동은 그 이동 거리가 너무 짧은('too local') 비국부적(Anti-Locality)인 것이라 하여 꽤나 반발이 많았던 이동 형식이라 하겠다(Grohmann 2003, 2011). 아울러, (6b)에서와 같은 동일 투사 범주 내부에서의 이동이 허용된다면, 아래 (8)과 같이 동일 투사범주 내부에서 IA가 무한 반복하는 것 또한 막을 방도가 없다는 우려, 혹은, 비판의 목소리도 있다(관련하여 Abels (2003)과 Larson (2015) 또한 참조하라).

(8) { ... {$_{VP}$ IA$_3$, {$_{VP}$ IA$_2$, {$_{VP}$ IA$_1$, {R, IA}}}}}

하지만, 언급한 운용 적용의 수의성 관점에서 보자면, 단거리 이동으로 생성되는 (6b)와 (8)의 구조적 문제는 (예를 들어) the boy likes the girl의 생성에 대해 아래 (9)가 안고 있는 구조적 문제들과 크게 다를 바가 없다.

(9) {like, {the, the}, {boy, girl}}

최소주의의 현재 틀에서는 (9)에서와 같은 병합 조합을 금지하는 조건이나 제약은 따로 없다.[8] 그러니, 적어도 원칙적으로는 생성이 가능한 구조인

---

8 관련하여 의미역(theta role) 또는 선택(Selection)을 생각해 볼 수 있을 것이나, 이 모든 것의 판단은 '병합'이 있은 후의 일이다. 아울러, (9)에서와 같은 병합 조합을 금지하는 제약이나 조건은 앞으로도 고안되지 않을 것이며, 고안되어야 할 필요도 없어 보인다.

것이다. 하지만, 앞서 언급하였듯이, 비록 원칙적으로는 가능한 병합이지만, (9)와 같은 조합은 이런 저런 문제들로 인해 결국 제대로 된 해석을 받지 못할 것이요, 이는 (8) 또한 마찬가지가 아닐까 싶다. 그러니, Anti-Locality 와 같은 제약을 (굳이) 상정하지 않더라도 자연스럽게 걸러질 수 있으리라 보인다.

8.4. 수의성과 과잉 생성

아래 구조를 보자(논의의 편의를 위해 구조를 단순화했다).

   (10) WS = [boys, like, cars]

Merge에 대한 그 어떤 제약도 (예를 들어) 'X는 Y와(만) 결합시켜라'와 같은 조건을 달고 있지 않다. 말인 즉, 무엇이든 두 개만 있다면 맹목적으로 묶어 집합을 생성할 수 있는 운용이 Merge라는 것이다.[9] Merge의 이러한 자유로운 묶음은 (10)에 대해 아래 (11)과 같은 다양한 결합 방식을 가능하게 한다(논의의 편의를 위해, 병합을 아예 적용하지 않은 구조와 불완전하게 적용한 구조들은 생략한다).

   (11) a. {{boys, like}, cars}
        b. {{boys, cars}, like}
        c. {boys, {like, cars}}

---

9   물론, MS와 같은 다른 조건들은 준수해야 할 것이다.

(Cars like boys를 논외로 한다면) (11)에서 제대로 된 의미 구조와 음성 실현형을 생성하는 병합 조합은 (11c)뿐이다. 따라서, 언어 표현의 생성 과정과 관련된 설명을 할 때면, (11a,b)와 같은 구조들은 마치 생성조차 되지 않는 듯, (11c)와 같은 적합한 도출 과정에(만) 기반하여 흔히 논의를 진행한다. 하지만, Merge의 결합 방식에 아무런 제약이 없다면, (11a,b)와 같은 조합도 분명 가능할 것이고, 그렇다면, 이런 의문도 들 수 있을 것이다. Merge의 가능한 조합들 중에, 정문이 되는 건 (대개) 하나뿐이다. 이에, Merge의 조합이 말 그대로 자유롭다면, 한 언어 표현의 생성에 있어, (11a,b)와 같이 결국 비문으로 판정될 조합들까지도 모두 다 연산이 되는 것인가? 모두 다 생성해 보는 것일까? 만약 그렇다면, 이는 실로 심각한 연산적 부담을 초래할 것이다. 그도 그럴 듯이, 통사체의 수가 증가할수록 가능한 Merge의 조합은 기하급수적으로 늘어날 것이기 때문이다.

요인 즉, 8.2절에서 언급한 운용의 수의성과 상기 언급한 운용의 자유성은 엄청난 양의 '과잉 생성(Overgeneration)'을 초래할 것이고, 이는 곧, 연산적 효율성에 심각한 부하를 줄 수 있다는 것이다.[10] 그런데, 과연 그럴까? 과잉 생성을 허용하는 것이 연산에 지대한 부담을 주는 것일까? 아래를 보자((12)는 Chomsky 2021b의 (4)에서 가져왔다).

(12) a. John is in the room

   b. the men are in the room

   c. John or the men *is/*are in the room.

---

10 과잉 생성을 허용하는 최소주의, 아니, Chomsky의 이러한 행보는 Frampton and Gutmann (2002)의 Crash-Proof Syntax와 대조되는 Crash-tolerant의 입장이라 하겠다.

(12c)에서 보듯이, 단수와 복수 명사구가 or로 연결되어 주어로 등장하는 경우, 뒤따르는 be 동사의 일치 형태를 결정할 수 없다. 단수형이든, 복수형이든, 어느 쪽이든 비문이라는 말이다.[11] 하지만, 그렇다고 해서 (12c)와 같은 '생각'이 아예 불가능한 것은 아니다. 실질적인 언어 표현으로 음성화 시킬 수 없을 뿐, 그에 대한 생각에는 별다른 문제가 발생하지 않는다는 것이다.

7장의 각주 2에서도 언급하였듯이, 통사부에서 만들어내는 것이 우리가 (실제로) 발화하거나 적어 놓은 그런 실질적인 문장이라는 생각은 오해에 불과하다. 통사부에서 생성하는 것은 각 (어휘) 개념들을 위계적으로 결합해 놓은 '생각(thought)'의 덩어리이고, 그와 같은 생각의 덩어리들은 사실 의식적인(conscious) 접근이 불가능하다.[12] 이에, 실제 언어 표현에서는 비문으로 취급되는 (12c)와 같은 구조가 생각의 덩어리로는 얼마든지 가능할 수 있는 것이요, 이는 곧, 통사부의 과잉 생성이란 것이 결국 비문이 될 구조들을 연산에 부담을 줘가면서 무작정 쏟아내는 것만은 아닐 수 있음을 시사한다 하겠다.

---

11 한국어에도 아래와 같은 유사한 구문을 찾아볼 수 있다.

(i) 아버님과 조카가 산에 ?갔다/?가셨다.

참고로, (12c)와 같은 구문에 대해 규범 문법(Prescriptive Grammar) 혹은 학교 문법(School Grammar)에서는 be 동사에 더 가까운 men에 수를 일치시키도록 규정하고 있다. 말 그대로 '규범'이요, '규정'일 뿐이다.

12 이에, Merge니, Agree니 하는 것들은 의식적인 접근이 불가능한 현상에 대한 이론적인 재구성이라 하겠다.

제9장

조각 모음

이번 장에서는 Chomsky (2020, 2021a,b)에서의 논의와 관련되는 여러 주제들을 무작위로 모아, 필자의 생각들을 짤막하게 더해 보고자 한다.

9.1. 어열 형성과 극한 사례

어열 형성과 관련된 Chomsky (2020)의 주장부터 살펴보자.

    (1) a. young and tall men

        b. $<\text{CONJ}, <S_1, L_1>, \ldots , <S_n, L_n>>$

        c. $<\text{CONJ}, <\text{young, men}>, <\text{tall, men}>>$

Chomsky (2020)에서 제안하는 등위 접속 구문의 어열 구조는 (1b)와 같고, 이를 따르자면 (1a)의 구조는 (1c)와 같을 것이다. 나아가, '극한 사례(limiting case)'라 부르는 n의 값이 1일 경우, 즉, $<S_1, L_1>$이 바로 'young men'[1]과

---

1   Chomsky (2020)에서는 'the young man'에 대해 이야기한다. 하지만, 본문에서는 'the'와 관련된 구조적인 문제를 논외로 하기 위해 (보다 단순한) 'young men'으로 대체하였다.

같은 단순 부가 구문의 구조라 주장한다. Chomsky (2021a,b)는 한걸음 더 나간다.

> (2) Wherever there is an XP, it is the limiting case of a sequence <XP, YP$_1$, ..., YP$_n$>. (Chomsky 2021a: 21)

‘Young men’과 같은 (단순) 부가 구문뿐만 아니라, 모든 단일 구(Phrase)의 구조 역시 어열의 극한 사례라는 것인데, 이러한 주장을 따르자면, 아래 (3a,b)의 대략적인 구조는 각각 (4a,b)와 같이 될 것이다(시각적 구분을 위해, 범주소는 소문자(n)로, Link는 대문자(N)로 표기하였다).

> (3) a. John, Bill, my friends, ... ran, danced, took a vacation ...
>   b. John (ran)
> (4) a. <<<John, n>, N>, <<Bill, n>, N>, ... >
>   b. <<John, n>, N>

‘John’과 같은 단일 구의 구조를 (4b)와 같이 분석하는 것은 그 여파가 상당할 수 있다.[2] 예를 들어, ‘John bought books’와 같은 단순 타동 구문의 구조는 상대적으로 단순한 (5a)가 아닌 (실로?) 복잡한 (5b)가 될 것이기 때문이다(시각적 구분을 위해, 국면 핵은 밑줄을 그어 표기했다).

---

2   그 여파와 관련하여 Chomsky (2021a: 26)에서는 다음과 같이 언급하고 있다.

　　Many open questions arise, among them the effects of recasting all previous analyses as the limiting case of sequences.

(5) a. {John, {v*, {buy, books}}}

　　b. {<<John, n>, N>, {<u>v</u>*, {<<buy, v>, V>, <<books, n>, N>}}}[3]

아울러, (2)를 따르자면, young과 young men의 구조 또한 각각 (6a)와 (6b) 같이 복잡해질 수 있을 것이다.

(6) a. <<young, a>, A>[4]

　　b. <<<young, a>, A>, <<men, n>, N>>

극한 사례 분석으로 인해 초래되는 상기 열거한 복잡한 구조들이 과연 유의미한 차이를 불러오는지에 대한 연구가 필요하다 하겠다.

9.2. 쌍-병합과 사동 구문

사동 구문과 해당하는 수동형을 보자.

(7) a. the robbers made us lie on the floor

　　b. we were made *(to) lie on the floor

3　이에, NP 역시 국면으로 간주한다면, (5b)의 구조는 더욱 복잡해질 수 있을 것이다 (관련하여 9.4.를 참조하라). 참고로, Chomsky (2020, 2021a,b)에서는 Chomsky (1995)의 ±N/±V 분류를 수정한 ±S(ubstantive)/±P(redicative)를 제안함으로써, 순수한 +S와 순수한 +P, 즉, N과 V만이 (C와 더불어) 국면 핵 역할을 할지 모른다는 제안을 하고 있다.

4　'빠른'의 '-ㄴ'과 같은 한국어의 관형사형 어미가 어쩌면 Link일 수도 있다는 생각을 해 본다. 관련하여, Manzini (2021)을 참고하라.

(7a)와 같은 유사 사동문(Quasi-Causative)의 경우,[5] (7b)에서 보듯이 수동태가 불가능하다(학교 문법식으로 말하자면, 두 동사 사이에 to가 추가로 삽입되지 않으면 비문이 된다). 이에, Chomsky (2020)에서는 사동사들의 기저 구조를 사동 형태소가 본동사와 Pair-Merge를 이룬 <Causative(= make), lie>일 수 있음을 제안하고, 나아가, 이와 같은 Pair-Merge 구조가 수동화를 불가능하게 만든다고 주장한다.

Make 류의 독립된 어휘를 동사에 부가되는 사동 형태소로 분석하는 것은 영어에 국한하면 다소 어색하고 생소할 수 있겠으나, 한국어와 같이 ('-히-'와 같은) 접사를 통해 사동을 표현하는 언어들도 부지기수임을 고려하면, 그리 생소한 제안은 아닐 것이다.[6] 아울러, <Causative, lie>와 같은 Pair-Merge 분석은 한국어와 같은 언어에서 시제의 '-었-', 보문소의 '-다'와 같은 어미에 대해서도 시사하는 바가 크게 하겠는데, 해당 요소들이 어쩌면 보문소 C가 가진 자질들의 음성 실현일 가능성도 있기 때문이다(관련하여, Shim (2019) 또한 참조하라).

9.3. 시제와 일치소

생성 문법 내에서 문장 구조의 뼈대는 대략 (8)과 같다는 것이 꽤나 오랜 기간 동안의 통설이었다.

---

5   Chomsky (2020)에서는 see와 같은 지각동사도 유사 사역동사와 한데 묶어 논의한다.

6   나아가, 한국어의 경우, 수동 접미사가 사동 접미사의 부분 집합인 현상에도 적용해 볼 수 있을 것이다. 참고로, that과 같은 보문소와 will과 같은 조동사를 C가 가진 자질들의 음성 실현형으로 간주하는 Gallego (2014) 또한 참조하라.

(8) $\{C_{[u\phi]}, \{T, \ldots \{v*_{[u\phi]}, \{V, \ldots \}\}\}$

비해석성 일치 자질은 각각의 국면 핵들이 보유하고,[7] 국면 핵들 사이에 시제소(T)가 위치한다. 그런데 Chomsky (2021a,b)에서는 그와 같은 문장의 뼈대를 다음과 같이 수정하고 있다.

(9) $\{C, \{INFL, \ldots \{v*, \{V, \ldots \}\}\}$

기존 구조와의 가장 두드러진 차이점은 T의 자리가 INFL로 대체되었다는 것인데, Chomsky는 아래와 같은 류의 구문들을 그 근거로 제시한다.

(10) a. John [likes] bananas but [hates/*hate] oranges

    b. INFL <&, {John like bananas}, {John hate oranges}>

    c. John [arrives] everyday at noon and [met] Bill yesterday

    d. INFL <&, {John ? like bananas}, {John ? hate oranges}>

(10a,c)에서 알 수 있듯, 등위 접속 구문의 경우, 일치는 동일해야 하지만, 접속된 요소들의 시제는 각기 다를 수 있다. 이에, 일치의 동일함은 상위의 (단일) INFL로 포착하고, 각기 다른 시제는 각 접속구의 내부에 존재한다는 것이 Chomsky의 논리인 것인데, 이는, 과거 하나의 자질이었던 일치 정보를 하나의 독립된 핵(INFL)으로 격상(?)시키는 반면, 독립된 핵으로 간주되어왔던 시제소(T)를 하나의 자질로 격하시킴을 의미한다.[8]

---

7   Chomsky (2007, 2008)에 따르자면, 국면 핵이 보유한 일치 자질은 자질 상속(FI)에 의해 각 국면 핵의 보충어 핵, 즉, T와 V로 상속된다.

하지만, 여느 제안과 주장들이 대개 그러하듯, (9)와 같은 제안 또한 구체화시키려면 이런저런 문제점들을 해결해야 한다. 우선, 일치 자질과 관련해서 살펴보자. 기존의 구조에서는 C와 v*, 이렇게 두 핵에 일치 자질을 두었었다. 이는 일치 현상이 주어와 동사 사이에서뿐만 아니라 목적어와 동사 사이에서도 관찰되기 때문이다. 그렇다면, (10a)의 경우에도 (10d에서 ?로 표시한 위치에) 목적어-동사 일치를 위한 일치 요소를 상정해야 할 것인데, 이렇게 되면, 최소주의 초기에 이런 저런 문제들로 인해 단명하고 말았던 AgrsP와 AgroP와 별반 차이가 없는 구조가 돼버린다.[9] 이는 곧, Agrs/oP가 봉착했던 문제들을 고스란히 떠안게 되는 것이다.[10]

뿐만 아니다. INFL이 T를 대체하게 되면, 자질 상속(FI)이라는 운용 또한 그에 따라 재조명이 요구된다. (국면 핵의 모든 자질들이 복사되어 상속된다는 주장도 있지만) FI의 최대 수혜 자질이 바로 일치 자질이었기 때문이다.

9.4. 명사구의 구조

명사구 구조에 대한 생성 문법의 분석은 흔히 Abney (1987)을 기준으로 나뉜다. 그 전은 NP로 간주하는 분석이 지배적이었고, 그 이후로는 DP로 간주하는 것이 통설이라면 통설이었기 때문이다.[11] 이에, Chomsky는 2000년

---

8   Chomsky (2021b)에서는 시제가 v*가 보유한 자질들 중 하나라고 간주한다.

9   물론, 각주 7에서 언급했듯이, 해당 일치 요소를 v*가 가진 자질로 분석할 수도 있을 것인데, 이 경우엔 개념적 불일치의 문제가 등장한다. 주어-동사 일치는 하나의 독립된 핵의 관할인 반면, 목적어-동사 일치는 하나의 자질이 관할하기 때문이다.

10   그럼에도 Chomsky는 현재의 INFL이 과거의 AgrP와 다를 바 없다고 생각한다.

대 중반 즈음부터 NP/DP 논란에 대한 자신의 입장을 다음과 같이 구체적으로 표명하기 시작한다.

(11) a. [For] indefinite nominals, [...] the head will be n with the complement [X (YP)] (X perhaps an undifferentiated root, gaining its nominal character from n). X raises to n [...] For definite nominal phrases, the head is now n* (analogous to v*) with the complement [X (YP)]. In this case X = D. D inherits the features of n*, so YP raises to its SPEC, and D raises to n*, exactly parallel to v*P. Therefore, the structure is a nominal phrase headed by n*, not a determiner phrase headed by D [...] structural Case is on n*, not D or N (hence presumably also on n). (Chomsky 2007: 25-26)

b. [P]roper nouns could be of the form {D, {n, R}}, D a determiner. (Chomsky 2013: 46)

c. Nominals are headed by a nominalizer n, analogous to v as the head of the verb phrase, with D, where present, occupying some lower position. (Chomsky et al. 2019: 248)

d. I'm going to assume here that nominal phrases are actually NPs. The DP hypothesis [...] but I've never really been convinced by it. [...] definite articles are actually features of the nominal phrase, not elements merged into it [...] (Chomsky 2019b: 51)

(11a-d)에는 미묘한 차이점들이 있지만, Chomsky이 그리고자 하는 명사구

---

11 물론, Abney (1987) 이전에도 Brame (1982), Szabolcsi (1983) 등에서 DP 분석에 대한 논의들이 있었다. 이에, Abney (1987)는 DP 분석의 보편화와 뿌리내림에 결정적인 영향을 미친 연구라 하겠다. 참고로, 명사구 구조에 대한 또 다른 분석, 즉, KP 분석은 Bittner and Hale (1996)을 참조하라.

의 구조, 예를 들어, the book의 구조는 대략 아래와 같다 할 수 있다.[12] (비교의 편의를 위해 VP=RP 구조에 대한 Chomsky (2015)에서의 구조를 (12b)에 옮겼다.)

(12) a. $<the_2,\ n^*>,\ \{book_2,\ \{the_1,\ book_1\}\}$

b. $<R_2,\ v^*>,\ \{Bill_2,\ \{R_1(=meet),\ Bill_1\}\}$

아울러, 모든 실질 범주들이 범주소와 결합하는 어근(Root)이요, 앞서 논의 했던 Linkd의 개념과 국면 핵까지 추가한다면, (12a)의 기저 구조는 대략 (13)과 같이 상세 표기될 수 있을 것이다.

(13) $\{n^*,\ \{the,\ <<R(=book),\ n>,\ N>\}\}$

위와 같은 (다소) 복잡한 구조가 과연 경험적으로도 설득력이 있는 것 인지는 현재로선 알 길이 없다.[13]

9.5. 이동의 재개념화

아래를 보자.

---

12 (12)와 같은 구조는 명사구 내부 구조에 대한 KP 분석, 즉, $\{_{KP}\ the_2,\ \{_{DP}\ the_1,\ book\}\}$과 기본적으로 그 결을 같이 한다 하겠다. KP 분석 관련, Bittner and Hale (1996)과 Bader, Meng, and Bayer (2000)를 참조하라.

13 또 하나의 대안으로 'the'와 같은 요소를 범주소가 가진 특성으로 간주해 볼 수 있을 것 이다. 동사의 범주소를 v와 v*로 구분하듯, 명사의 범주소를 n과 n*으로 구분하여, 후자 의 경우 '한정성(definiteness)'을 지니고, 그러한 특성이 'the'로 음성화된다고 생각해 볼 수 있는 것이다.

(14) {TP John₁, {T, {vP John, {v, ... }}}}

John₁과 John은 동일 인물, 즉, 동일 통사체다. 이에, Chomsky (2021a,b)에서는 그와 같은 사실이 FC를 통해 형성되고, 이어 TT를 통해 확정된다. 바꿔 말해, FC에 의해 연쇄쌍 <John₁, John>이 형성되고, 이어, TT가 그 적합성을 판정, 그 결과, John₁과 John은 동일 통사체로 해석된다는 것이다. 자, 그러면, 질문을 하나 던져 보자. (14)의 문장을 제대로 해석하기 위해서는 John₁과 John이 동일 통사체인지, 개별 통사체인지를 알아야 하고, 그에 대한 정보와 해석은 FC와 TT에 의해 제공된다 했는데, 그렇다면, 이런 상황에서 종래의 '이동(Movement)'이란 것을 굳이 말할 필요가 있을까? John이 John₁의 위치로 '이동'했다는 기존의 개념과 그러한 언급이 과연 필요할까는 물음이다. 그도 그럴 듯이, Chomsky (2021a,b)에서는 아래 (15)와 같은 구조에 대해, John₃의 위치로 이동한 것이 John₁인지, 아니면, John₂인지, 알 수도 없고, 알 필요도 없다고 말한다. 그 정체가 (15)의 의미 해석과 음성 해석에는 아무런 영향을 미치지 않는다는 이유에서다.

(15) {John₃, {&, {v, {arrive, John₁}}, {John₂, {v*, {meet, Bill}}}}}

자, 상황이 이렇다면, '이동'이란 개념을 (다시금) 재정립할 필요가 있지 않을까 싶다. 물론, 과거의 Move는 Internal Merge(IM)로 즉, 과거 '이동'이라 여겼던 현상들이 '병합'의 한 실현형으로 재개념화가 되었지만, 많은 연구자들의 머릿속에는 '이동(Movement)'이라는 개념과 단어가 여전히 강하게 자리 잡고 있는 듯하다. 그러다 보니, 이쪽에서 저쪽으로 '화살표를 긋고', '어디로 이동'하는가, '그 곳으로 이동'할 수 있는가, '어디서 이동'했는가와 같은 질문들을 여전히 습관적으로 떠올리고 있는 것이다. 하지만 '이동'이 '병합(Merge)'으로 흡수된 지 이미 오래요, Chomsky (2021a,b)에서도 구조 생성 관련 기제는 오직 '병합(Merge)'만 있을 뿐이다. 이에, 병합의 정의 어디에도 'Move 했다'와 같은 말은 등장하지 않는다.

    (16) Search + Combine = Merge

  (16)에서 보다시피, 우리가 그동안 '이동'이라 불렀던 것은 사실, Merge의 내장 기능들,[14] 즉, Search와 Combine에 대한 포괄적 용어요, 나아가 그 실상은 동일한 통사체가 구조상의 다른 위치에서 여러 번 등장하는 것이다. 이에, 각각의 등장 사례들을 일러 한때는 'Occurrence'라는 용어를 사용했으나, 그에 대해 Chomsky (2021b: 16)에서는 다음과 같이 말하고 있다.

    (17) The notion *occurrence* can be eliminated in favor of a rule FORMCOPY
        (FC).

  앞서 언급한 내용과 크게 다르지 않다.[15] 굳이 '이동'을 떠올리지 않더라도, 그와 관련된 설명은 FC와 TT만으로도 충분한 것이다. 따라서, 연구자들 머릿속에서도 '이동'을 수정하여 (다시금) 재개념화를 해야 할 때가 아닌가 싶다.[16]

---

14 Search가 Merge의 '내장' 기제인지, 아니면, 그 자체로 또 하나의 독립된 운용인지는 논의가 필요할 것이다.

15 (17)에 따라 Chomsky (2021b)에서는 'Inscription'이란 용어로 Occurrence를 대신 표현하고 있다. 두 용어의 개념적 차이 중 하나는 후자의 경우 '동일성(Identity)'이란 개념이 내포돼 있다는 것이다.

9.6. 핵과 V의 자질

문장 구조의 뼈대에 대한 시기별 변화는 대략 아래와 같다.

(18) a. [C I$_{[Agr, Tense]}$ ... V]

    b. [C Agr T ... V]

    c. [C T$_{[\phi]}$ ... V]

    d. [C INFL ... V]

(18a)의 I는 이후 (18b)에서와 같이 Agr과 T로 분리가 되었다가, 그 이후 Agr은 (18c)에서와 같이 T가 보유한 하나의 자질, 즉, 일치 자질(=φ)로 간주되어 편입된다. 이에, Chomsky (2021a,b)에서 주장하는 (18d)와 같은 구조는, 크게 보자면, 과거 IP 구조로의 회귀라고도 볼 수 있을 것이다.

그런데, (18)의 구조들을 가만히 들여다보면, 구조 변화의 중심이라 할 Agr과 T는 모두 동사(V)와 관련된 요소들임을 발견하게 된다. 주어, 목적어와 일치(Agr) 현상을 보이는 것도 동사요, 시제(T) 또한 동사와 관련된다. 이에, 동사와 관련된 요소들 중 어떤 것(들)을 독립된 핵으로 간주하느냐에 따라, (18)에서와 같은 조금씩 다른 구조들이 제안되었다고 볼 수 있을 것이다.

이렇게 본다면, 또 다른 핵 C는 그 성질이 좀 다른 듯하다. 동사와 관련됐다 할 Agr/T와 달리, C는 문장 전체와 관련된 요소이기 때문이다. 어쩌면, 이 때문인지, Chomsky (2021: 36)에는 다음과 같은 언급이 있다.

---

16 이러한 재개념화는 '수형도'에서 '집합'으로의 전환에서도 요구된다. 참고로, 단순히 설명의 편의를 위해 '이동'을 언급하는 것은 나무랄 바가 없을 것이다.

(19) The account [of AMALGAMATE in externalization] could be extended to V-to-C raising, but that seems to me a questionable move. This step may fall under the V-second phenomenon, a very different matter. [...] I think these phenomena should be put aside for further inquiry.

V가 v*와 T와 합쳐지는 현상과 그렇게 형성된 [V-v*-T] 조합이 C와 결합하는 현상은 서로 별개의 현상일 가능성이 농후하다는 것이다. 역시, 관련된 보다 많은 연구가 요구된다 하겠다.

9.7. 운용들의 소속과 속성

Chomsky (2008: 11)에 의하면, 모든 운용은 국면 핵에 의해 야기된다.

(20) If only phase heads trigger operations (as I will assume) ...

자, 그러면, 아래 (21)을 통해, (20)의 타당성 여부를 살펴보도록 하자.

(21) a. {like, {the, girl}}
     b. {v*, {like, {the, girl}}}
     c. {α John, {v*, {like, {the, girl}}}}

(20)을 따르자면, 국면 핵이 도입되지 않은 (21a)의 단계에서는 그 어떤 작업도 행해질 수 없고, 구조상에 국면 핵이 등장한 (21b) 단계가 되어서야 운용들의 적용이 가능해진다. 자, 그러면, 해당 국면에서 수행될 수 있는

작업들 중 AGREE와 Labeling에 관련된 내용들을 살펴보자.

우선 AGREE는 국면 핵 v*가 보유한 비해석성 (일치) 자질과 girl 사이에서 이루어지는 것이니, (20)과 같은 가정에 무리가 없다. 하지만 Labeling을 담당하는 표찰화 알고리즘(Labeling Algorithm; LA)의 실행에는 (20)과 같은 주장의 설득력이 떨어진다. 그도 그럴 듯이, 국면 핵이 보유한 자질들 중에 표찰화를 요구하는 그런 자질이 있다고는 생각하기 힘들기 때문이다. 그래서인지, 어째서인지, Chomsky (2008: 22)는 (20)을 다소 완화하여 다음과 같이 말한다.

(22) Operations are at the phase level only.

모든 운용들이 국면 핵에 의해 촉발된다기보다, 국면 '단계'에서 적용 및 실행된다는 것이다. 이를 따르자면, 앞서 언급한 v*와 표찰화의 관계에 대한 문제를 비껴갈 수 있다. 그래서인지, Chomsky (2015: 4)에서는 LA에 대해서도 다음과 같이 말한다.

(23) [Labeling] must take place at the phase level, as part of the Transfer operation.

Labeling이라는 임무까지 담당하게 된다면, TRANSFER라는 운용이 처리해야 할 일들이 너무 많아지는 느낌이 있지만, 어쨌든 (23)을 수용한다면, AGREE와 Labeling은 분명 '통사부'의 운용이라는 결론이 나온다.[17]

---

[17] 아울러, AGREE를 통해 결정되는 <φ,φ>와 같은 표찰을 고려한다면, AGREE가 통사부 운용이라는 주장에 더욱 힘이 실리게 된다.

자, 이제, 또 다른 운용, FC를 보자.

(24) FC applies at the phase level. (Chomsky 2021a: 13)

FC의 소속은 분명 '통사부'라 말하고 있고, 생각건대, 그에 대한 반론의 여지도 크게 없는 듯하다. 하지만, FC가 형성하는 연쇄쌍들을 생각하면, 뭔가 애매한 문제들이 발견된다.

5장에서 살펴보았듯이, FC가 형성하는 연쇄쌍들은 연쇄쌍이 형성되었다는 그 사실만으로 모두 적법한 연쇄쌍이 되는 것은 아니다. 바꿔 말해, FC에 의해 연쇄쌍이 형성되었다는 그 사실만으로 해당 연쇄쌍들 속의 통사체들이 동일 통사체로 해석되지는 않는다는 것인데, 이는 연쇄쌍들 중 일부는 TT라는 검사대를 통과하지 못하여 부적합한 연쇄쌍 판정을 받을 수 있기 때문이다. 자, 그렇다면, 검사대 역할을 하는 TT의 소속은 또 어디일까? TT는 통사부의 운용일까 아니면 다른 곳에 속한 운용일까?

볼진대, TT를 통사부 운용으로 간주하기에는 상당한 무리가 따를 듯하다. 그 이름이 암시하듯, '의미'역의 할당을 점검하는 운용이요, 따라서, 통사부가 아닌 (의미 관련) 해석부 소속의 운용으로 보는 것이 타당할 것이기 때문이다. 뿐만 아니다. TT가 수행하는 일은 통사체가 보유한 의미역의 출처를 조사하는 것이요, 이는 도출 과정의 '역사'를 살펴보아야만 가능한 일, 바꿔 말해, TT의 작업 방식은 Markov적이지 않다는 것이니, 이 또한 TT가 통사부 운용이 아니라는 근거가 될 수 있다. 하지만, 이러한 상황, 즉, FC는 통사부 운용이 (거의) 확실한 반면, TT는 해석부 소속의 운용이라는 상황은 또 다른 문제를 야기한다.

(25) {John$_1$ likes John$_2$}, (John$_1$ ≠ John$_2$)

(25)에 대해 FC는 <John$_1$, John$_2$>의 연쇄쌍을 형성할 것이나, 해당 연쇄쌍은 TT에 의해 불합격 판정을 받게 될 것이다. 따라서, (25)의 두 John을 다른 사람으로 '의미' 해석하는 데는 아무런 문제가 발생하지 않는다. 하지만 문제는 (25)의 음성 실현형에서 발생한다. TT의 소속이 의미 해석부인 이상, 그 곳에서 벌어진 일들의 정보는 음성 해석부에 전달될 수 없다.[18] 고로, <John$_1$, John$_2$>가 부적합한 연쇄쌍, 즉, 동명이인이라는 사실을 알지 못하는/알 길이 없는 음성 해석부는 전달된 연쇄쌍에서 John$_2$를 삭제할 것이고, 그 결과, (25)는 *John likes로 음성화 될 것이다. 허나, 이런 문제가 있다고 해서 TT의 소속을 통사부로 돌리려 하면, 논의는 다시 원점으로 되돌아가 버리게 된다.[19]

정리해 보자. 주요 운용들 중 FC와 AGREE와 LA는 통사부 운용임이 사뭇 분명하다. 이에 FC/AGREE와 LA의 차이가 있다면, 전자의 운용들은 통사체들끼리 모종의 관계를 맺게 하는 '관계적 운용(relational operation)'의 속성을 띠는 반면, LA가 하는 일은 그런 관계 맺음과는 무관하다는 것일 테다.[20] 반면, FC와 밀접하게 관련된 TT의 소속은 (의미) 해석부임이 사뭇

---

18 이는 생성 문법의 어쩌면 최장 기간의 작업 가설일지도 모른다. 하지만 그렇다고 해서 음성부와 의미부가 소통할 수 있는 통로를 원천봉쇄하는 것은 아니다.

[...] emerge from holistic interpretation of <SEM, PHON> pairs. (Chomsky et al. 2019: 236)

인용구의 말처럼, 의미부의 해석과 음성부의 해석을 한데 모아 종합적인 해석을 담당하는 또 다른 인지체계가 필시 존재해야 할 것이다.

19 이 문제에 대한 해결안으로 최근 Chomsky는 PIC를 통해 (25)와 같은 구조에서 연쇄쌍이 형성되는 것을 원천봉쇄하는 방법을 모색하고 있는 듯하다.

분명하다. 하지만, TT의 이러한 소속은 앞서 언급한 이런저런 문제들을 안고 있다.

9.8. 표찰화 비가시성과 연쇄쌍 형성

아래 구조를 보자.

(26) a. $\{_\alpha$ [$_{NP}$ John$_1$] $\{_{v*P}$ ... $\{_{VP}$ like Mary$\}\}\}$

　　 b. John$_2$ T $\{_\alpha$ [$_{NP}$ John$_1$] $\{_{v*P}$ ... $\{_{VP}$ like Mary$\}\}\}$

(26a)의 통사체 α는 Chomsky (2015a)에서 말하는 XP-YP 구조의 전형으로써 표찰화의 모호함이 발생하는 구조다. LA는 내포도가 동일한 두 핵, 즉, John의 핵인 N과 v*P의 핵인 v* 사이에서 표찰을 결정할 수 없기 때문이다. 하지만, (26b)에서와 같이 John이 Spec-v*P에서 Spec-TP로 이동을 하고 나면, α의 표찰화가 가능해지는 것으로 간주되는데, 그 논리는 대략 다음과 같다－통사체 X가 이동을 하여, (26b)에서와 같이 해당 구조상에 중복하여 등장하게 될 경우, 원래 자리의 X는 표찰화 알고리즘(Labeling Algorithm; LA)에 보이지 않는 통사체가 된다는 것이다.[21] 왜 그럴까? 멀쩡히 보였던 통사체가 왜 돌연 보이지 않는 통사체로 둔갑하는 것일까? Chomsky (2013)에서는 다음과 같이 말한다.

20　이러한 서로간의 이질적 속성이 유의미한지는 미지수다.

21　결론적으로 말하자면, 구조적으로 가장 상위에 위치한 X를 제외한 그 밑의 모든 X들이 LA에 비가시적이 된다.

(27) In $\{X_2 \ldots \{X_1 \ldots\}\}$, X_1 is invisible to LA, since it is part of a discontinuous element.

통사체 X가 이동을 하게 되면, X는 이제 (하나가 아닌) X_1과 X_2로 분리되어 서로 다른 곳에 존재하게 된다. 이에, X_1은 전체를 구성하는 한 부분일 뿐이요, 따라서, LA에 비가시적이라는 것이다. 하지만 의문이 생긴다. X_1이 전체의 (한) 부분이라면, 그런 사정은 X_2 또한 매한가지가 아닌가? X_2 또한 부분일 뿐, 전체가 아닌 것이요, 이에 '전체'는 X_2와 X_1이 둘 다 '함께' 있어야, 그래야만 '전체'일 것이기 때문이다. 만약 이런 논리가 타당하다면, X_1뿐만 아니라, X_2 역시도 LA에 비가시적이어야 할 텐데, 그렇게 되면 상당히 곤란한 문제가 발생하게 된다.

(28) $\{_\beta \text{ John}_2 \{T \{_\alpha \text{ John}_1 \{_{v*P} \ldots \{_{VP} \text{ like Mary}\}\}\}$

(부분이기 때문에) John_1이 LA에 비가시적이라는 주장은 통사체 α의 표찰화를 가능하게 한다. 하지만, 같은 논리로 John_2 역시 비가시적인 요소가 되게 되면, 통사체 β의 (문제 없던) 표찰화에 문제가 생기게 되는 것이다.

'부분'에 기반한 비가시성 전략을 수용하자니, 무언가 형평성(?)에 어긋나고, 형평성을 위해 둘 모두 비가시적이라고 보자니, 위에 언급한 곤란한 문제가 발생한다. 이에, 필자는 이런 생각을 해본다.

구조상의 동일 통사체들을 묶어 연쇄쌍을 형성하는 FC를 다시 한번 생각해 보자. (28b)과 같은 구조의 경우, FC는 연쇄쌍 $<\text{John}_2, \text{John}_1>$을 형성할 것인데, 그 안의 두 John중 꼬리(tail)에 해당하는 John_1은 음성화 과정에서 삭제가 된다. 왜 삭제가 될까? 아마도, 뭔가 결여된 요소이거나, 불필요한 요소이기 때문일 것이다. 자, 그렇다면, John2의 이러한 불필요성, 혹은, 무소용성을 음성부에만 국한시킬 게 아니라 통사부에서도 활용을 해보자. 해서, '연쇄쌍의 꼬리는 통사부에서 적용되는 (표찰화 포함) 이후의 모든 운용에 비가시적이 된다'라는 가정을 해보자. 이랬건 저랬건, '연쇄쌍'이라는 것은 비록 그 안에 두 개의 통사체가 들어 있지만, 결국은 하나의 통사체임을 의미한다. 그러니, 둘 중에 하나만 기능하더라도 문제될 게 없을 것인데, 이에, 꼬리의 John1이 아닌 머리의 John2이 그런 통사체가 되는 것이다.[22]

위와 같은 제안이 설득력을 얻으려면, 이런 저런 세부 사항들을 점검하여 다듬고 보충하는 작업은 당연지사일 것이나, 비가시적이 되는 이유가 연쇄쌍 속의 꼬리이기 때문이라는 이 주장이 떠안아야 할 부담은 이미 사뭇 분명하다.

우선, 제안한 시나리오가 제대로 작동하려면 표찰화와 FC 적용이 있어 순서를 잡아줘야 한다는 문제가 등장한다.[23] 그도 그럴 듯이, 연쇄쌍 꼬리의 비가시성이 의미가 있으려면, 표찰화 작업 '이전'에 FC가 적용되어야 할 것이기 때문이다.[24] 또 다른 문제로는 표찰화/FC와 TT 사이에도 적용의 순

---

22 MS를 고려하더라도, 접근 가능한 요소는 John2 뿐이다.

23 물론, 이에 대해, '순서를 굳이 잡아 줄 필요는 없다. 제대로 된 순서로 적용된 도출만이 제대로 된 해석을 받게 되는 것이다'라고 말할 수도 있을 것이다. 8.4절에서 언급한 과잉 생성을 허용하는 관점에서 비롯될 수 있는 논리인데, 필자에게는 마치 만병통치약, 혹은, 코에 걸면 코걸이, 귀에 걸면 귀걸이 같은 느낌이 강해서 아직 이렇게 할 명확한 판단이 내려지지 않는다.

24 명시적으로 언급되진 않지만, Chomsky (2013, 2015) 틀에서도 기제 적용의 순서 매김은 불가피하다. 그 한 예로 (i)을 보자.

(i) [<R2-v*>, [Mary2 [a R1, Mary1]]]

통사체 a의 표찰이 R로 결정되기 위해서는 표찰화 적용이 (R의) 이동에 선행해야 할 것이다—본문에서 언급한 '복사체의 비가시성' 때문이다. 뿐만 아니라, v*로부터 R1으로의 FI 역시 R의 이동보다 먼저 발생해야 한다. R의 이동이 선행되면, 그로 인해 v*가

서를 잡아줘야 한다는 것. 앞서 언급하였듯이, FC에 의해 형성된 연쇄쌍은 TT라는 검사대를 무사히 통과해야만 적법한 연쇄쌍으로 판정된다. 그리고, 적법한 연쇄쌍이라야 그 꼬리를 삭제하더라도 아무런 문제가 발생하지 않을 것이다. 그러니, 표찰화, FC, TT 사이의 적용 순서는 FC → TT → 표찰화가 되어야 하는 것이다. 하지만, 이렇게 되면, TT를 (해석부가 아닌) 통사부 운용으로 간주해야 하는 쉽지 않은 부담을 안게 된다(관련하여 이어지는 9.9절 또한 참조하라).

9.9. 다시 보는 연쇄쌍 형성과 의미역 이론

아래를 보자.

(29) $\{_{vP}$ John$_2$, $\{_{vP}$ invite, John$_1$ $\}\}$

(29)에 대해 FC는 연쇄쌍 <John$_2$, John$_1$>을 형성할 것이고, 해당 연쇄쌍은 결국 TT를 위배하여 부적합 판정을 받을 것이다. 허나, 9.7절에서 언급하였듯이, 이와 같은 도출 과정은 John$_1$의 삭제와 관련하여 문제를 초래하게 된다. 음성 해석부가 의미 해석부에서 내려진 TT의 판결을 알 방도가 없기 때문이다. 비유컨대, 이는 마치, (통신 장애 혹은 부재로 인해) 사형 집행 중지 명령이 내려졌다는 사실을 전달받지 못하는 상황인 것인데, 그 결과, 음성

통사적으로 비활성화 되기 때문에 자신의 자질을 아래에 있는 R$_1$에 물려줄 수 없기 때문이다.

해석부는 John1에 대해 사형집행을 하게 되고, 그 결과 (29)는 *John$_2$ invited 로 (잘못) 음성화 되게 된다.

언급한 문제들에 대해 여러 다른 관점에서 해결안을 추구할 수 있을 것인데, 본 절에서는 FC의 속성을 소폭 수정하는 대안에 대해 간략하게 언급해 보도록 하자.

(29)와 관련된 문제의 핵심은 FC의 속성에서 비롯된다. 언급했던 바, FC는 두 통사체의 '동일성(identity)'만을 기준으로 연쇄쌍을 형성하는 운용이요, 이에, 통사체가 보유한 격과 의미역은 동일성 평가에 아무런 영향을 미치지 않는 요소로 간주된다. 하지만, 만약, 동일성 평가의 한 요소로 의미역이 편입될 수 있다면?(편의상 (29)를 다시 옮겨온다.)

(30) $\{_{vP}$ John$_2$, $\{_{vP}$ invite, John$_1$ $\}\}$

　　　　[AGENT]　　　　[THEME]

(30)에서 보다시피, John$_2$와 John$_1$에는 각각 다른 의미역이 할당돼 있다. 이에, FC의 동일성 판단에 의미역이 모종의 역할을 할 수 있게 된다면, <John$_2$, John$_1$>과 같은 연쇄쌍은 (TT에 의해 '차후에' 부적합 판정을 받는 것이 아니라) '애초에' 형성될 수조차 없는 것이 된다.

소위 '해결안'이란 두더지 잡이 게임과 같아서, 한 마리를 때려 넣으면, 예상치도 못한 곳에도 다른 두더지가 튀어 나오기 마련이다. 이에, 의미역 이론에 기반한 상기 제안 역시 제대로 된 해결안으로 제시되려면, 관련된 쟁점들을 구체화 시키고 또 정당화시켜야 할 것은 당연지사일 것이다.

9.10. 허무한 허사

아래 허사 구문(Expletive Construction)을 보자.

(31) a. a man$_2$ is [a man$_1$ in the room]

b. there is [a man in the room]

(31a)와 같은 구조는 기존의 분석뿐만 아니라, FC를 가정하는 틀에서도 별 문제가 없어 보인다. FC에 의해 형성된 연쇄쌍 <a man$_2$, a man$_1$>은 TT의 평가에서도 문제가 없고, 그 꼬리가 삭제된 'a man is in the room'이라는 음성 실현형에도 아무런 문제가 없기 때문이다. 하지만, (31b)와 같이 허사와 관련 명사구(Associate NP)가 함께 등장하는 구문은 예나 지금이나 별 뾰족한 해결책이 없는 난제인 듯하다. 아래 (32)를 통해 그 동안의 주요 논의들을 간략하게나마 살펴보자.

(32) a. there$_2$ seems [there$_1$ to be a man in the room]

b. *there seems [a man$_2$ to be a man$_1$ in the room]

c. [X to be a man in the room]

Spec-to에 there가 EM 된 후, 다시 상위의 Spec-TP로 이동한 (32a)는 정문인 반면, 동일한 위치에 a man을 이동시킨 도출 과정, 즉, (32b)는 비문이 된다. 이러한 문법성 차이를 설명하기 위해, Chomsky (2000)에서는 Merge-over-Move(MoM)라는 조건을 제안 하게 되는데, 내용인 즉, (32c)와 같이 X의 자리를 허사 there의 병합(Merge) 또는 a man의 이동(Move)으로 채울 수 있는 선택지가 생길 경우, MoM에 의거, a man의 '이동'이 there의 '(외부) 병합'에 의해 저지된다는 것이다.

하지만, 앞서 살펴보았듯이, Chomsky (2021a,b) 틀에서는 (직방 이동으로 인해) Spec-to로의 이동이 배제되니, (32c)와 같은 문제지는 애초에 존재하지 않는 것이 된다. 자, 그러면 모든 문제들 또한 자연스레 해결이 되는 것인가?

(33) there T seems [α to be [β a man in the room]]

(32b)와 관련된 문제는 직방 이동을 가정하여 어찌어찌 비껴갈 수 있을지 모르나, (32a)와 관련해서는 기존의 문제를 고스란히 껴안는다. 말인 즉, (33)에 옮겨 표시한 통사체 α와 β의 표찰화에 대해서는 여전히 이렇다 할 해결안을 제시하지 못한다는 것이다. 전자는 T(to)가 약성(weak)이라는 문제가 있고, 후자는 XP-YP 구조를 띤다는 문제가 있기 때문이다. 뿐만 아니다.

(34) a. I him₂ believe [to be him₁ honest]
    b. I [ɣ there₂ believe [α there₁ to be [β a man in the room]]]

(34a)와 같은 ECM 구문에 대해 Chomsky (2015, 2021a,b)에서는 하위절의 him₁이 동사 believe의 Spec 자리로 이동한다고 가정한다. 이에, 분석의 일관성을 유지하려면, (34b)의 there₁ 역시 believe의 Spec 자리로 이동을 해야 할 것인데, 이렇게 되면, (34b)에서는 (33)에서보다 더 많은 문제들이 발생하게 된다. (34a)의 him-believe와 달리, (34b)의 there와 believe 사이에는 AGREE가 발생한다고 보기 힘들기 때문이다. 그 결과, (34b)는 α, β의 표찰화 문제에 더해, ɣ의 표찰화 문제까지 떠안게 된다. 어디 이 뿐인가? Chomsky

(2021a,b)에서는 비시제절 T의 EPP 효과를 가정하지 않으니, (34b)에 있는 there가 어찌하여 그 곳에 있는지조차 모호해진다.

허사, 어쩌면 EPP보다 더한 난제일지 모른다.

제10장

큰 그림

Chomsky (2021a,b)에서 그리고 있는 FL에 대한 설계도는 대략 아래 (1)과 같이 정리될 수 있을 것이다(Chomsky 2021a,b에서 직접 언급된 항목들 외에 필자가 추가한 항목들에는 *별표를 붙였다).

(1) a. 구조 생성 기제

Merge/FORMSET, FORMSEQUENCE

b. 구조 생성 외 운용[1]

FORMCOPY, *Labeling Algorithm, *AGREE, *Feature Inheritance

c. 제약 및 조건

(i) Computational Efficiency:

Minimal Search, Minimal Yield, Phase Impenetrability Condition, No-tampering Condition,[2] *Inclusiveness Condition

---

[1] FORMCOPY와 같은 운용을 일러 Chomsky (2022)에서는 '관계를 수립하는 운용(an operation that establishes a relation)'이라 부른다. 이에 (1b)를 '관계 수립/형성 운용'쯤 으로 명명할 수도 있겠으나, 포함된 운용들 중 Labeling Algorithm을 그와 같은 운용으 로 볼 수 있을지 의문이 들어, '구조 생성 외 운용'이라 (어색하게) 명명하였다.

[2] 간략히 말해, No-tampering Condition(NTC; 변경 금지 조건)이란 통사체에 손을 대어 변경하지 말라는 조건이고, 이어지는 Inclusiveness Condition(포함 조건)이란 어휘부에 등록되지 않은 정보들을 도출 과정에서 임의로 추가하지 말라는 조건이다. 허나, 이 두 조건들은 보다 상위의 SMT를 만족시키기 위해 어느 정도 위배될 수 있다.

(ii) Language-specific Conditions:

Theta Theory, Duality of Semantics

(1a)는 소위 말하는 제1요인(First Factor), 즉, UG[3]에 해당한다. 책의 서두에서 언급하였듯이, FL의 진화에 대한 최소주의의 작업 가설, 즉, 진화 가능성(Evolvability)을 고려한다면, FL의 내용물은 단순하고, 간단한 것이어야 한다. 이에, 그 내용물이 Merge라는 기제 단 하나라면 가장 이상적인 최소주의일 것이나, Chomsky는 FSQ의 추가를 불가피한 상황으로 보고 있다.[4]

(1b)에는 구조 생성 기제 이외의 나머지 통사 운용 기제들을 열거해 놓았다. (1c)는 (1a,b)의 기제들의 작업 방식을 제어하는 제약 및 조건들로써, 최소주의 전반을 아우르는 최상위의 개념인 연산적 효율성(Computational Efficiency)으로부터 모두 도출이 가능한 제약 및 조건들이다. (1d)는 각종 기

---

3   Chomsky이 말하는 UG를 (예를 들어) Greenberg (1963)에서 제안되는 Universals of Grammar 혹은 Linguistic Universals와 혼동하는 경우를 왕왕 볼 수 있다. 관련된 Chomsky (2021c)의 아래 언급이 혼동을 지우는데 도움이 될 것이다.

The term Universal Grammar is a traditional one and what it meant traditionally is properties that are common to all languages. [...] This tradition has many contributions but it ran a ground on the fact that they simply didn't have the tools, the theoretical ideas that enabled them to capture a fundamental property of human language. [...] The term Universal Grammar could take on a different meaning, not properties that hold descriptively of all languages [...] If you look at their fundamental nature internally, it turns out they're very much the same. [...] Universal Grammar was reconstructed to refer to what is common at the core to the basic character of human languages. Universal Grammar now is understood to be a theory of the human faculty of language, not of languages themselves, but of the 'faculty' of language, the internal system that all humans share that enables them to acquire and use any possible human language. That's Universal Grammar.

4   3장의 각주 8에서도 언급하였듯이, 최근 Chomsky는 어열(sequence)을 담화적 특성으로 간주하여 통사부 운용에서 FORMSEQUENCE를 제거하려는 움직임을 보인다.

제들의 적용으로 탄생한 결과물들이 만족시켜야 하는 (해석 관련) 조건들이다.

　Merge와 연산적 효율성, 이 둘만을 통해 FL의 작동 원리를 규명하고자 하는 것이 바로 최소주의 프로그램의 궁극적인 목표이자, 생성 문법의 궁극적인 목표다. 이에, (1)의 각 항목들에 대해 명확히 하고, 구체화 시켜야 할 부분들, 그리고 그에 따라 해결해야 할 문제들이 산재할 것인데,[5] 최소주의의 향후 전망은 사실 그 어느 때보다 어둡다 하겠다. Chomsky (2021c)의 언급을 들어보자(밑줄은 필자가).

(2) The Minimalist Program last 20 years or so has finally reached [...] a very promising new era in the millennia old of study of language. First time when it may be possible to achieve genuine explanations of linguistic phenomena. [...] That's an exciting prospect. I should say <u>very few linguists are even aware of this or pay much attention to it</u>. It's a small development in the field but it' the kind that I think may be opening up the way to an entirely new era in the study of the cognitive nature of humans. (Chomsky 2021c)

　20여 년 전이란 생성 문법의 이론 틀이 최소주의로 발전하기 시작한 90년

5　모호함과 그에 따르는 문제들은 최소주의만의 유별난 점이 아니요, 약점은 더더욱 아니다. 세상에 존재하는 학문들 가운데, 아무런 모호함도, 아무런 문제도 없는 그런 학문은 존재하지 않으며, 사실, 모호함과 문제는 학문의 피할 수 없는 운명이자 숙명이다ー그러한 모호함들과 문제들을 해결해 가는 '과정'에서 학문의 발전과 성숙이 이루어지는 것이고, 그러한 '과정'이 바로 학문이기 때문이다. 생각해 보라ー언어학의 모든 이슈들이 명확해졌고, 따라서, 모든 문제들 또한 한 치의 빈틈없이 깔끔히 해결되었다면, 언어학이라는 학문이 존재해야 할 이유가 무엇인가? 그날은 곧 언어학의 장례식이 아니겠는가. 이렇듯, 모든 것이 명명백백하고, 따라서, 아무런 문제도 없는 학문은 그 존재조차 부정되는 것이다. 고로, 학문함의 진정한 의미와 의의는 명명백백이라는, 어쩌면 영원히 도달할 수 없는 그런 종점을 향해 달려가는 그 '과정'에 있는 것이라 하겠다.

대 초·중반 즈음을 가리킨다. 그 이후로 실로 수많은 수정과 변화들이 있었으나, 그럼에도, 그러한 변화들은 크게 보아 '다듬는' 작업이었다 할 수 있을 것이다. 그도 그럴 듯이, 그 기간 동안의 변화들을 살펴보면, (예를 들어) 자질 상속(FI)이나 LA 등과 같은 새로운 기제들의 보충과 추가가 대부분이었기 때문이다. 비유컨대, 그러한 변화는 Revolution의 속성이라기보다 Evolution의 속성이라 해야 할, 아이폰 10에서 13으로의 변화와 같은 것이었다 하겠다. 하지만, 그 이후의 변화, 특히 2017년 즈음부터 시작된 변화들은 그 성질이 사뭇 다르다. (2)에서도 언급하고, (2021b: 1)에서도 "entering a new phase"라 적고 있듯이, 최근의 변화들은 FL에 대한 '진정한 설명(Genuine Explanation)'에 한걸음 성큼 다가가는 대대적인 토목 공사라는 게 Chomsky의 관점이고, 필자도 동의하는 관점이다.

하지만, (2)에서도 언급되듯이, 이러한 파격적인 변화가 불러일으키는 반향은 그리 크지 않다. 아니, 어쩌면 너무나 걸맞지 않다 할 정도로 침묵에 가까운데, 이러한 조용함과 무관심에는 대략 다음과 같은 이유들이 있지 싶다.

우선 실질적인 이유-이 글(의 초안)을 적고 있는 2021년 12월을 기준으로, Chomsky (2021a,b)에 대한 접근은 동영상을 통해서만 가능하고, 관련된 종이 원고는 몇몇 연구자들 사이에서만 공유되고 있다.[6] 상황이 이러하니, 줄을 치고, 형광펜을 입혀가며 읽어야 뭔가 머릿속에 들어오는 듯한 그런 습관을 가진 연구자들에게는 아직 뭔가 허공의 외침 같이 붕 떠있는 내용일 수 있는 것이다.

---

6   Chomsky (2021b)는 2022년 일본 언어학회(Linguistic Society of Japan)에서 간행하는 Gengo Kenkyu(語學研究) 160집에 수록되었다.

또 다른 이유로는 이론 언어학에 대한 연구자들의 쇠퇴한 관심, 그리고 그로 인한 연구 인력의 현저한 감소를 들 수 있을 것이다. 하지만 이와 같은 (최소주의) 연구 인력의 감소는 사실 어제 오늘의 일이 아니니 그리 특별할 것은 없다.

마지막 이유이자, 어쩌면 가장 큰 이유를 꼽자면, 상당수 연구자들의 실질적인 연구 관심사, 혹은, 연구 행태를 꼽을 수 있을 것이다. 시간을 조금 거슬러 올라가 보자. 80년대를 풍미했던 GB 이론 틀이 90년대 초·중반 MP 체제로 전환되면서, 생성 문법계는 실로 대규모의 연구자 이탈 혹은 이적을 경험했었다. 그도 그럴 듯이, '언어학'은 '언어들(languages)과 그 속에서 발견되는 현상'들을 연구하는 학문이라는 일반인들의 막연한 상식은 오늘날 상당수의 언어학 전문 연구가들 머릿속에도 굳건하게 자리 잡고 있는 실로 건재한 상식이다. 이에, 생성 문법은 실질적인 언어 자료(language data)와 언어 현상이 아닌 그 너머의 언어 능력(Faculty of Language)을 연구 대상으로 하는 언어학이다. 하지만, 이와 같은 (실로 엄청난) 차이가 현실의 연구자들에게는 사실 공염불에 불과하다는 것인데, 이는, 그들의 연구 내용들이 증명해 주고 있다. 최소주의, 특히, Chomsky의 저작에서 제안되는 '(새로운) 기제들'을 언어 자료와 현상의 '분석에 적용하고 응용'하는 것이 그들 연구의 절대 다수이기 때문이다.[7]

이에, GB는 양 진영을 (그나마) 모두 웃을 수 있게 해 주는 이론 틀이었다. GB는 FL의 작동 원리에 대한 진일보한 틀이었으니, 최소주의자들에게도

---

7 언어 능력에 대한 연구와 언어 자료 분석에 대한 연구를 구분하는 것일 뿐, 어느 한 쪽을 폄하하고자 하는 것이 아니다. 마찬가지로, 적용하고 응용하는 연구들을 무가치한 것으로 치부하고자 하는 의도는 더더욱 아니다. 다만, 생성 문법의 본질적인 연구 대상, 즉, '언어 능력'의 작동 원리에 대해 고뇌하는 연구자들이 점점 더 없어지고 있다는 현실을 개탄하는 것일 뿐이다.

반가운 이론 틀이었고, 나아가, 언어 자료를 분석하는데도 꽤나 쓸 만할 뿐만 아니라, 무엇보다, 적용하고 응용하기에 대단한 (지적) 수고를 요구하지 않는, 가져다 쓰기에 상당히 편리한 그런 이론 틀이었기 때문이다. 따라서, 연구자 본인의 실질적인 관심사가 FL의 작동 원리든, 언어 자료의 분석이든, 양쪽 모두 (나름) 흡족해 할 수 있었던 것이다.

하지만, 그랬던 GB가 MP 체제로 변화함에 따라, 적용과 응용의 편리함과 용이성이 현저하게 감소하게 되었다. 언어 자료의 분석에 적용하여 사용하기에는 뭔가 상당히 껄끄럽고, 복잡하고, 따라서, 상당히 불편한 것이 MP 체제였기 때문이다. 이에, FL 연구의 관점에서는 가히 엄청난 도약이라 해도 과언이 아닐 것이나, 자료 분석 적용의 관점에서는 역대 최악이라 해도 과언이 아닌 것이 바로 Chomsky (2021a,b)가 제시하고 있는 틀이다. 상황이 대체로 이러하다 보니, 최근의 무관심과 조용함은, 안타깝지만, 한편으로는 이미 예견된 귀결일지 모른다.

얼마 전 유튜브에서 시계 수리 장인과 관련한 동영상을 우연히 본 적이 있다. 일흔이 다 된 그 장인은 이런저런 이유로 초등학교를 마친 후 시계 수리에 입문하게 되었다고 한다. 그렇게 시계 수리일을 하면서 전국의 유명한 시계 수리공들을 직접 찾아가 그 밑에서 시계 수리 기술을 배우는 등, 그렇게 50여 년이 넘도록 오로지 시계 수리라는 외길을 걸었다 한다.

시계 산업이 한때 사양길로 접어들 때, 그는 도리어 시계 수리와 관련한 공인 자격증을 취득하기 위해 시계를 더 공부하기 시작했다 한다. 그래서 취득한 자격증이 바로 (시계 관련 국제 전문인 자격증을 수여하는 세계 유일의 기관인) 영국 시계 학회(The British Horological Institute; BHI)에서 주관하는 국가검증 시계자격증이라 한다. 최고급 과정에 응시한 그는 실기 테스트에서 '신의 경지'라 일컬어지는 80점을 취득했고, 그가 받은 점수는 지금까지도 깨지지 않고 있다. 작고 허름한 시계방 구석에서 지금도 시계를 뜯어보고 있는 그 장인은 사람들의 입소문으로 유명세를 얻을 무렵 가게를 좀 넓히자는 권유를 받은 적이 있었다. 하지만 그는 '수리하는 데만 전념을 해야 옳은 기술이 된다. 장사하고 이리저리 하다보면, 옳은 기술이 나올 수가 없다'며 거절했고, 지금 현재에도 그 작은 시계방 귀퉁이에 쪼그리고 앉아 뚫어지게 시계 속을 들여다보고 있다.

지금은 분명 생성 문법의 사양기다. 퀴츠 시계의 등장으로 전통의 스위스 시계 브랜드들이 줄줄이 도산하던 시절이 있었듯, 작금의 생성 문법계 또한 그와 같은 형국이다. 그렇다 보니, Chomsky의 최근 저작들을 다루는 논문은 차치하고서라도, 그에 대한 논의의 목소리조차 들어보기 힘든 실정이다. 언어학계의 퀴츠라 할 빅 데이터와 AI와 정체모를 4차 산업의 몰아침과 그 분야들로의 쏠림으로 인해, 생성 문법을 비롯한 이론 언어학 제분야들이 문을 닫아야 하는 궁지로까지 내몰린 것이다.

하지만 자문해 본다. 나는 과연 그 시계 장인처럼 혼신의 힘을 다하여 최소주의에 골몰하였던가? 대세를 말하며, 추세를 들으며, 이것저것 해보려는 유혹에 빠지지는 않았던가? '철학자는 화장실에서도 철학을 해야 한다'는 어느 철학자의 말처럼, 과연 그렇게 최소주의에 골몰하며 살아왔던가? 세태와 사태를 탓하기 전에, 연구자 스스로의 학문하는 자세부터 진지하게 반추하고 반성하는 것이 순서가 아닌가 싶다.

"New Horizons in the Study of Language and Mind (Chomsky 2000)"의 서문에서 Neil Smith는 이렇게 말하고 있다.

> *You may not agree with Chomsky's work, but it would be both short-sighted and unscholarly to ignore it.*

"Chomsky는 당신보다 훨씬 똑똑하다, 사실 눈이 부실 정도로 똑똑하다 (*Chomsky is a lot smarter than you are. In fact, he is so dazzling smart …*)"라 적었던 Felix (2010)의 말처럼, 지난 70여 년간 학문적 영감을 끊임없이 선사하며 언어학을 이끌어 온 인물이 Chomsky이며, 그로 인해 언어학의 학문적 깊이 또한 상상할 수 없을 정도로 깊어졌다. 그런 그의 저작을 'Chomsky'라는 이름을 이유로, 대세와 추세라는 가벼야운 이유로 외면하고 등한시 하는 것은 (Smith의 말처럼) 근시안적인 태도일 뿐만 아니라, 학자로서의 자질마저 의심케 하는 자세일 것이다.

모든 학문의 궁극적인 목표는 연구 대상의 완전한 설명에 있을 것이나, 학문하는 설렘과 의미와 희열은 그 목표를 향해 나아가는 과정과 여정에 있을 것이다. 글이란 것이 본시 모자람과 아쉬움으로 마침표를 찍어야 하기 마련이지만, 그럼에도 언어 능력의 연구에 뜻을 둔 최소주의자들에게 필자의 작은 글이 조금이나마 보탬이 되기를 바라는 바이다.

참고문헌

Abels, K. 2003. *Successive cyclicity, anti-locality, and adposition stranding*. Ph.D. Dissertation. University of Connecticut.

Bader, M., M. Meng, and J. Bayer. 2000. Case and reanalysis. *Journal of Pscyholinguistic Research* 29, 37-52.

Bittner, M. and K. Hale. 1996. The structural determination of Case and agreement. *Linguistic Inquiry* 27(1), 1-68.

Brame, M. 1982. The head-selector theory of lexical specifications and the nonexistence of coarse categories. *Linguistic Analysis* 10, 321-325.

Chomsky, N. 1981. *Lectures on Government and Binding*. Dordrecht: Foris Publications.

Chomsky, N. 1995. *The Minimalist Program*. Cambridge, MA.: MIT Press.

Chomsky, N. 2000. *New Horizons in the Study of Language and Mind*. Cambridge: Cambridge University Press.

Chomsky, N. 2007. Approaching UG from Below. In U. Sauerland and H. Gärtner (eds.), *Interfaces + Language = Recursion?*, 1-19. De Gruyter: Berlin.

Chomsky, N. 2008. On Phases. In R. Freidin, C. Otero, and M.-L. Zubizarreta (eds.), *Foundational Issues in Linguistic Theory: Essay in Honor of Jean-Roger Verganud*, 133-165. Cambridge, MA.: MIT Press.

Chomsky, N. 2013. Problems of Projection. *Lingua* 130, 33-49.

Chomsky, N. 2015a. Problems of Projection: Extensions. Ms. MIT.

Chomsky, N. 2015b. *The Minimalist Program (20th anniversary edition)*. Cambridge, MA.: MIT Press.

Chomsky, N. 2019a. MIT Lectures. Retrieved from https://youtu.be/GPHew_smDjY.

Chomsky, N. 2019b. Some Puzzling Foundational Issues: The Reading Program. *Catalan Journal of Linguistics Special Issue*, 263-285.

Chomsky, N. 2020. The ULCA Lectures. Retrieved from lingbuzz/005485.

Chomsky, N. 2021a. Genuine Explanation. Ms. University of Arizona.

Chomsky, N. 2021b. Minimalism: where are we now, and where can we hope to go. *Gengo Kenkyu* 160, 1-41.

Chomsky, N. 2021c. Issues in Modern Linguistics. Retrieved from https://youtu.be/AkXK2CqB3No

Chomsky, N. 2022. Students ask Noam Chomsky. Retrieved from https://youtu.be/TtL1FchcamA

Chomsky, N. forthcoming. SMT and the Science of Language. Ms.

Chomsky, N., Á. Gallego and D. Ott. 2019. Generative Grammar and the Faculty of Language: Insights, Questions, and Challenges. *Catalan Journal of Linguistics Special Issue*, 209-261.

Citko, B. 2005. On the nature of Merge: External Merge, Internal Merge, and Parallel Merge. *Linguistic Inquiry* 36(4), 475-496.

Diamond, J. 1989. The Great Leap Forward. In Hijorth, L. S., B. Eichler, A. Khan, and J. Morello (eds.), *Technology and Society: Issues for the 21st Century and Beyond*, 15-24. Prentice Hall.

Eldrege, N. and Stephen J. Gould. 1972. Punctuated Equilibria: An alternative to phyletic gradualism. In Schopf, Thomas. J. M. (ed.), *Models in Paleobiology*, 82-115. San Francisco: Freeman Cooper.

Felix, S. W. 2010. Me and Chomsky: Remarks from someone who quit. In Hanneforth, T. and G. Fanselow (eds.), *Language and Logos: Studies in Theoretical and Computational Linguistics, Festschrift for Peter Staudacher on his 70th Birthday*, 64-71. Berlin, Boston: Akademie Verlag.

Frampton, J. and S. Gutmann. 2002. Crash-Proof Syntax. In S. Epstein and T. D. Seely (eds.), *Derivation and explanation in the Minimalist Program*, 90-105. Oxford: Blackwell.

Gallego, Á. 2014. Deriving feature inheritance from the copy theory of movement. *The Linguistic Review* 31(1), 41-71.

Greenberg, J. 1963. Some universals of grammar with particular reference to the order of meaningful elements. In Greenberg, J. (ed.), *Universals of Language*, 73-113. London: MIT Press.

Groat, E. 2015. Total Transfer, dynamic labelling, and Transfer remnants. In Grewendorf, E. (ed.), *Remnant Movement*, 257-320. Berlin: Mouton de Gruyter.

Grohmann, K. 2003. *Prolific domains: On the Anti-Locality of movement dependencies.* Amsterdam: John Benjamins.

Grohmann. K. 2011. Anti-Locality: Too-close relations in grammar. In Boeckx, C. (ed.), *The Oxford Handbook of Linguistic Minimalism,* 260-290. Oxford: Oxford University Press.

Ke, Alan H. 2016. Full phase Transfer. Ms. University of Michigan.

Krovichen, D. 2009. Notes on c-command. Ms. University of Reading.

Larson. B. 2015. Minimal Search as a restriction on Merge. *Lingua* 156, 57-69.

Manzini, M. R. 2021. Chomsky's (2020) Links and liner phenomena. *Quaderni di Linguistica e Studi Orientali QULSO* 7, 89-102.

Mizuguchi, M. 2019. A-movement: Successive cyclic or one fell swoop? *Coyote Papers* 22, 22-32. University of Arizona.

Mizuguchi, M. 2020. A-movement: Its successive cyclicity revisited. *Linguistic Research* 37(3): 439-475.

Murphy, E. and J.-Y. Shim. 2020. Copy invisibility and (non-)categorial labeling. *Linguistic Research* 37(2), 187-215.

Nunes, J. 1995. *The copy theory of movement and linearization of chains in the Minimalist Program.* Ph.D. Dissertation. MIT.

Nunes, J. 2004. *Linearization of chains and sideward movement.* Cambridge, MA.: MIT Press.

Obata, M. 2010. *Root, successive-cyclic and feature-splitting Internal Merge: Implications for Feature-Inheritance and Transfer.* Ph.D. Dissertation, University of Michigan, Ann Arbor.

Richards, M. 2007. On feature inheritance: An argument from the Phase Impenetrability Condition. *Linguistic Inquiry* 38(3), 563-572.

Roberts, I. 1991. Excorporation and minimality. *Linguistic Inquiry* 22(1), 209-218.

Saito, M. 2012. Case checking/valuation in Japanese: Move, AGREE or MERGE. *Nanzan Linguistics* 8, 109-127.

Shim, J.-Y. 2018. <ɸ,ɸ>-less labeling. *Language Research* 54(1), 23-39.

Shim, J.-Y. 2019. A feature-based analysis of the Korean verbal suffix -ko and parametric feature packaging. *Language and Information Society* 36, 163-189.

Shim, J.-Y. 2020. Pair-merge of heads under MERGE. In *Proceedings of the 2020*

Fall Conference on Explorations in Comparative Syntax-Semantics: Korean vs. Asian Languages. Hankuk University of Foreign Studies.

Shim, J.-Y. 2022. Transfer and Dynamic Access. *Journal of Linguistic Science* 101, 23-40.

Shima, E. 2000. A preference for Move over Merge. *Linguistic Inquiry* 31(2), 375-385.

Shimada, J. 2007. Head movement, binding theory, and phrase structure. Ms. MIT.

Szabolcsi, A. 1983. The possessor that ran away from home. *The Linguistic Review* 3: 89-102.

Tonoike, S. 2009. Minimarisuto Puroguramu [Minimalist Program]. In Nakajima, N. (ed.), *Gengogaku-no Ryooiki* 1, 135-168.

Williams, E. 1980. Predication. *Linguistic Inquiry* 11, 203-238.

찾아보기

심재영

언어학 박사(통사론)(PhD in Linguistics)
미시간 대학 앤아버(University of Michigan, Ann Arbor)
이메일: biolinguistics@gmail.com

최대한의 최소주의

-진정한 설명의 탐구

초판 1쇄 인쇄 2022년 10월 14일
초판 1쇄 발행 2022년 10월 28일

지은이 심재영
펴낸이 이대현
책임편집 강윤경 ㅣ **편집** 이태곤 권분옥 임애정
디자인 안혜진 최선주 이경진 ㅣ **마케팅** 박태훈 안현진
펴낸곳 도서출판 역락 ㅣ **등록** 1999년 4월 19일 제303-2002-000014호
주소 서울시 서초구 동광로46길 6-6 문창빌딩 2층(우06589)
전화 02-3409-2060(편집부), 2058(영업부) ㅣ **팩스** 02-3409-2059
전자우편 youkrack@hanmail.net ㅣ **홈페이지** www.youkrackbooks.com

ISBN 979-11-6742-406-8 94700
      979-11-85530-81-9 (세트)

정가는 뒤표지에 있습니다.
파본은 교환해 드립니다.